[美国] 唐纳德·A.里奇 著　孙晨旭 译

# 美国国会

牛津通识读本·

# The U.S. Congress

A Very Short Introduction

译林出版社

图书在版编目（CIP）数据

美国国会／（美）唐纳德·A. 里奇（Donald A. Ritchie）著；孙晨旭译．—南京：译林出版社，2018.6（2021.1重印）
（牛津通识读本）
书名原文：The U. S. Congress: A Very Short Introduction
ISBN 978-7-5447-7306-5

I. ①美… II. ①唐… ②孙… III. ①议会－研究－美国 IV. ①D771.223

中国版本图书馆 CIP 数据核字（2018）第 052321 号



**美国国会 ［美国］唐纳德·A. 里奇／著 孙晨旭／译**

责任编辑 许 丹 何本国
装帧设计 景秋萍
校 对 张 萍
责任印制 董 虎

原文出版 Oxford University Press, 2010
出版发行 译林出版社
地 址 南京市湖南路 1 号 A 楼
邮 箱 yilin@yilin.com
网 址 www.yilin.com
市场热线 025-86633278
排 版 南京展望文化发展有限公司
印 刷 江苏凤凰通达印刷有限公司
开 本 635 毫米 × 889 毫米 1/16
印 张 19.25
插 页 4
版 次 2018 年 6 月第 1 版
印 次 2021 年 1 月第 3 次印刷
书 号 ISBN 978-7-5447-7306-5
定 价 39.00 元

# 序　言

孙　哲

美国国会是一个设计复杂而又十分精致的“政治复合体”，在美国政治运作中享有不可替代的宪法地位，对美国国家的发展影响至深至巨。时至今日，各国学者从国会议员的政治行为、国会制度运作和国会文化生态逻辑这三个方面，分别探讨了美国国会政治的基本特征、国会政治的变化模式和国会作为一个政治实体所具备的“流动性”。这些有益的探索，对我们深入了解美国国会历史和现实的影响力大有裨益。

《美国国会》一书的翻译出版，是中国学术界对美国国会研究已经进入深度开发阶段的一项极有意义的成果。此书作者唐纳德·里奇（Donald A. Ritchie）是美国参议院历史办公室著名史学家，研究美国国会三十余年。他曾出版过数部在美国学术界颇有影响的著作，包括《我们的宪法》《美国国会：学生指南》《媒体席：国会与华盛顿的记者们》《来自华盛顿的报告：华盛顿记者团的历史》《选举富兰克林·罗斯福：1932年的新政竞选运动》等。现在呈现在读者面前的这本《美国国会》篇幅不大，却涵盖了国会成立的历史背景、国会议员与选民的关系、国会最重要的委员会制度及其运作、国会议员的日常工作特点、国会内部、国会与政府其他部门之间的制约与平衡关系等方方面面。

具体而言，本书写作特色有三。

一是解释了美国历史上国会产生和发展的一些重大历史问题，如美国建国之初为什么没有采纳欧洲的议会政体而创建了自己的国会体制。

在美国，国会虽然沿袭了英国议会的两院制先例，但是国会与总统的关系是一个经典的政治难题。总统和各位内阁部长在国会不能占有议席，政府部门的成员除了副总统之外，也不能同时在另一部门任职。与首相不同，美国总统在其政党于下次国会选举中败北时不会下台。这些体制特点，决定了美国特色的权力制衡：党纪在国会中时强时弱，参、众两院也各有不同，但总体上不如议会制强大，因为参、众两院议员首先且主要对选民负责。总统虽然权力很大，但是他时常面临的政治烦恼是如果国会两院有任何一院被“在野党”占据，总统就不得不为了达到自己的政治目标而在施政过程中与反对党领导的国会多数党进行痛苦的周旋。这种周旋，造成了本书作者揭示出的一些事实，如美国国会机构臃肿、办事拖沓、效率低下。可能世界上其他国家百姓对强大的美国为什么还能容忍这样的国会感到不解，但这恰恰是美国宪法制定者们的最初政治设计：他们想建立的国会制度，其中最重要的一个目标就是为了避免草率行事，要尽力避免舆论突变的困扰，防止权力过分集中，通过国会平台来保护公民权利特别是对政治发声的权利。他们认为只有付出这样的政治代价，才能在一些艰巨的问题上反复磋商、塑造国家共识。

二是较为全面地介绍了国会的运作体制，使读者了解到国会为什么权力巨大、国会议员在选举和投票过程中有哪些最重要的考虑。

本书作者简单明了地解释了，美国国会的行为规律其实在很大程度上与国会制度密切相关。国会制度是一整套正式或者非正式的理念与规则，是一种认知与文化的上层结构。社会的行为者（如机构、组织、团体或者个人）在制度的约束下，必须遵守规范，以取得合法性以及随之而来的资源，进行各式各样的交易和互动。如果说作者从历史学家的角度，把国会制度的产生看作美国开国先驱们以自己的才华和智慧为美国人民留下了精巧别致的权力制衡制度的典范，那么他并没有拘泥于历史陈述，相反，通过考察国会制度的历史变迁特别是历史重要节点的变迁过程，他对国会制度的自主性和自控机制（或者称为“制度惰性”）问题、国会制度和行为体（议员群体）的互动关系及国会制度的文化规范问题，都有相对宏观而详细的描述和分析。

例如，本书详细介绍了国会委员会的运作。委员会体制作为国会中枢神经系统，在立法过程中具有举足轻重的分量。但是，要研究委员会就不能不涉及国会的领导机制、政党因素、议员的决策行为、国会文化、媒体鼓噪、利益集团游说等众多领域。再如，他在介绍竞选程序的时候栩栩如生地写道：“自从联邦选举在1788年拉开帷幕之后，国会议员候选人曾先后骑马、驾车或乘火车、飞机、轿车、巴士为竞选卖力奔走。19世纪时，候选人便已成为技艺高超的政治演说家，能够面对众多听众发表演说而无须扩音器。前参议员兼副总统约翰·C.布雷肯里奇（肯塔基州民主党人）临终前清晰洪亮的声音令他的医生印象深刻。这位老政治家骄傲地说：‘瞧，医生，我的声音可以传出一英里。’”随着现代科技的进步，议员们开始更注重借助广播、电视和互联网技术与选民沟通。“参、众两院议员如今利用网络开展调查，并已将个人网站变成电子的时事通讯。他们通过互联网参加城镇会议，同时邀请本州居民参加与立法者通话的电话会议。一通典型的电话会吸引数倍于参加一场当地现场城镇会议的民众。相应地，当某个热点问题正在辩论或一场关键性投票悬而未决时，‘家乡父老’将会淹没议员的邮箱，并使他的电话线拥堵不堪。”

只有了解到这些细节，读者才能理解国会这座“政治迷宫”以其枝节丛生的制度体系和千变万化的游戏规则所构成的特有的魅力。



三是用朴实易懂的文字和生动的故事让读者有了身临其境、仿佛亲身游览了国会的特殊感悟和体会。

这本小书资料翔实有趣。作者虽然是一位了解国会运作的局内人，却能用丰富的照片和图片，带领读者走到美国国会山的台前幕后，去进行一次引人入胜的游览。从作者风趣嬉笑间针砭时弊而又不愤世嫉俗的描述中，我们读到了国会运作的实例和关键历史事件的涓滴不漏的细节，从而管中窥豹，了解到主导国会的人物和他们的各种决策行为。

例如，作者在介绍国会建筑时有这样一段优美的文字：“美国国会大厦穹顶高耸，立柱以大理石制成，走廊中的塑像一字排开，游客们或许将其视为美术馆和历史博物馆，而不会意识到它首先是国会所在地。为了容纳大批参议员、众议员、工作人员、记者、游说人员以及满怀好奇的游客，国会建筑群不断扩建成以通道连接起来的众多办公大楼。内战士兵曾在国会外的草坪上操练，示威人群曾在此进行抗议，就职典礼观众也曾蜂拥而至。国会山有时弥漫着集市的味道。这里曾举行教会礼拜、葬礼、拍卖以及戏剧表演，商贩在走廊兜售水果、雪茄、糖果、馅饼、三明治和纪念品，直至1890年议长托马斯·B.里德（缅因州共和党人）禁止小商小贩将雕像大厅作为有利可图的市场。几十年后，国会山依旧可以被描述成‘楼宇之中的城市’，这里的建筑群囊括了餐厅、银行、理发店、运动场馆、图书馆、邮局、地铁线以及独立的电力设施。”

多么生动的描绘呀，即使没有参观过国会的人，也能想象国会山的壮观。我曾数十次访问国会，知道每一个议员现在在自己的办公室里都有闭路电视，可以随时了解国会一般会议的进展。但是最惊奇的还是他们的议事特权和后勤保障：因为国会建筑群的庞大，地面上多栋工作大楼互不连通，所以，为了方便议员们赶往议事场所，国会山下面竟然开通了议员专用的地下小火车！人们表面上看到议员们成群结队地蜂拥而入，在议场上东奔西踱，为己方的有效投票欢呼雀跃，议院看起来也始终是一派繁忙的景象，但是国会山天上的无线通信系统、地下的复杂通勤网络，都不是一般国家的百姓能够想象得出来的。

读完这本书，我们其实还可以深入考虑国会议题的深度开发问题。 现在无论中美，对于美国国会研究还有一些亟须填补的空白。例如，当今各国学者对美国国会的政治解读一般侧重于对其制度本身和运作的具体介绍和分析，涉及“国会与公共政策制定”等问题的讨论也大多偏重于对美国国内政策和国内政治因素的研究，客观上造成了一种“非均衡发展”的现象，即国会在外交方面的作用被无形中忽视了。事实上，美国宪法早就明文规定外交权乃是一项由总统和国会共同行使的权力。国会在美国外交政策过程中的重要性表现在：参议院不仅对总统提名的外交人选具有审核和认可的权力，而且按照宪法的规定，它也拥有对外宣战和批准美国准备签订的国际条约的最高国家权力；无论是参议院还是众议院，都掌握着美国政府的“钱袋”，可以在外交和国防事务上“层层设卡”，决定拨款、外援以及防务开支等重大事宜上的具体数目；国会两院还可以通过立法、监督或调查等手段，对外交决策进行干预。所以，当我们讨论美国政府关门或者美国国家安全报告的时候，不能忘记探讨国会在预算、拨款及海外用兵方面扮演的重要角色。不能理解国会与总统的关系、国会内部两党机制的对立与合作，就无法真正理解美国内政对外交的实质性影响。



韦伯在《以政治为业》的演说中有一段激励自己的文字。他说：“一个人得确信，即使这个世界在他看来愚陋不堪，根本不值得他为之献身，他仍能无悔无怨；尽管面对这样的局面，他仍能够说：‘等着瞧吧！’只有做到了这一步，才能说他听到了政治的‘召唤’。”①

我很高兴的是，我国年轻一代学者中有很多优秀知识分子自律甚严，认同心中的政治“召唤”。针对中国美国学研究中对美国国会及美国内政外交研究的相对匮乏，他们感到了自己的学术责任。学术良心的履行需要“激情、责任感和恰如其分的判断力”。韦伯这里所说的激情，是指不脱离实际的激情，是献

① 马克斯·韦伯：《学术与政治》，冯克利译，三联书店1998年版，第1页。

身于一项“事业”、献身于一个掌管着这项事业的上帝或恶魔的激情。①

本文译者孙晨旭就是有学术激情和学术责任的优秀青年学人的代表。她毕业于南开大学历史学院，现任教于福建师范大学社会历史学院，主要研究领域为美国社会和历史。就专业和文字两方面而言，晨旭都较为出色地完成了本书的翻译工作。我虽然与她从未谋面，但是知道她自硕士期间便开始将个人研究方向确定为美国外交史领域。后来她攻读博士学位期间，又对美国史本身尤其是内政与外交的关系做了较为深入的探讨，研究方向也逐渐向美国国内政治特别是外交决策机制和外交思想两个方面倾斜。我拜读了她参与翻译、编著的《人类文明史》（七卷本）、《美军驻延安观察组成员文件集》、《美国政府香港政策起源刍议》、《美国的墨西哥移民问题——以20世纪中期美墨季节工计划为中心的考察》等著述，感叹她的敏而好学，钦佩她的文字和研究功底，高兴她为中国美国研究领域贡献了一本填补空白的译著。

阅读美国，可以更明白中国。《美国国会》生动有趣、内容翔实，是一部被全球美国研究领域广泛认可的精品佳作。晨旭博士译介有功，展现了我国青年学人的学术激情和学术担当。是为序。

① 马克斯·韦伯：《学术与政治》，冯克利译，三联书店1998年版，第100—101页。

# 目 录

# 致 谢

我是从国会大厦的参议院一侧来审视国会的，但获益于两位众议院专家的审慎观察，他们是国家档案馆立法档案中心的肯尼思·卡托以及众议院历史与遗存办公室的马修·瓦斯纽斯基，遗憾篇幅所限，未能囊括他们的全部建议。我的朋友和同行——历史学者罗德尼·约瑟夫在国会山之外提供了一种别具一格的视角。编辑南希·托夫独具慧眼，她的意见始终引导我思考，并使行文更加锐利。我的夫人安妮·里奇不断给予我鼓励和金玉良言。谨以此书献给参议院历史办公室全体同仁，他们每一个人的协助都使这项工作成为一次积极的学习经历。

# 前　言

“国会”（Congress）一词取拉丁文“集会”（coming together）之意，是美国所有地区的选任议员聚集起来治理国家的场所。这种聚而议事之声，体现在议员们辩论时所操众多地方口音、屡屡提及所属各州以及凭借立法保护并促进选民意愿与利益的努力当中。

国会其实并非单一的一处公共机构。它包括在不同规则和氛围下运行的参、众两院。两院各自拥有自成一体的领导体系，在国会大厦各据一隅，房间号码各以S或H[①]为前缀。参、众两院需以完全一致的用语各自通过议案再将其呈交总统，两院需各自以三分之二赞同票才能推翻总统的否决。两院共同听取总统的国情咨文，共同召开协商委员会解决各自通过的议案中存在的分歧，除此之外，两个部门各行其是。

众议院议员也称为（男/女）国会议员，参议院议员历来称

① 参议院英文为Senate，众议院英文为House of Representatives。——译注，下同

为参议员，但仅仅将众议院称作国会会引起误会，并且不存在
iii “国会议长”。宪法声明“国会有权……”“国会可依法……”或“国会同意”，其实是将相应的权力与责任共同赋予参、众两院。两院均不可单独制定法律或划拨款项。

“国会”一词也指两次国会选举之间两年的立法会期。一届国会常分为两个会期，每年有一个会期（遇突发紧急状况，需开启该届国会的第三个会期）。据宪法第二十条修正案规定，自1934年起，国会会期始于1月3日，具体日期依据立法需要有所变化。这本简明导论如同有关国家立法机构的其他所有研究，也以“国会”指代两院，但会不时区分参、众两院的规则、权力及人员差异。我个人的职业生涯悉数在国会山度过，但不想以此书袒护国会或进行申辩，唯愿借此分析国会如何运作、发生何种变化，及其与选民、各州和联邦政府其他分支之间的关系。



本书以简单明了的方式着重强调参、众两院的起源和运作，剖析两院诸多委员会如何处理立法事务，并评述制定法律的议场程序。本书也比较考察了立法分支与行政和司法分支之间的较量。与其说宪法在三个部门之间分配权力，不如说要求它们分享权力，而每个部门都想要得到更大的一份。在这场博弈中，参、众两院保持着宪法最初赋予的机制和权力，同时与规模、影响和权力急剧扩张的行政部门周旋。但凡要对国会加以了解，都需要研究议员何以当选，再度入选的必要条件以及代表制的本质。国会大厦为国会提供了蔚为壮观的有形载体，而两院特
iv 征截然不同，需要本书在最后以一组国会山剖绘——实则捕捉概貌——进行收尾。

本书立足政治史和政治学，但意在开启国会山之旅，沿途昭

示一众议员及其立法活动之意、国会辞令之本以及行为实践之变。有益之旅应寓教于乐，须在风趣嬉笑间针砭时弊，而不愤世嫉俗。任何一次旅行都难以涓滴不漏，有鉴于此，本书将重点关注一些实例、进程、事件及地点，同时旁及其他，并推荐一些文献以供详解。

第一章

# 大妥协

确切地讲，国会始于一场妥协。1787年于费城召开的制宪会议笃信分权可防止潜在的暴政，包括政治多数的暴政，遂精心设计立法、行政、司法分立的联邦政府，并进一步将国会分为两院。“野心必须用野心来对抗”[①]，这是詹姆斯·麦迪逊为此做出的声辩，他料想每个分支都会小心守护各自独有的权力，防止权力过分集中。但会议围绕立法机构自身的代表制问题陷入了僵局。来自大州的代表希望国会两院都能体现出大州的人口规模：更多的人口应该得到更多的代表。小州则拒绝接受任何无法与大州平起平坐的政体。

僵持期间，制宪会议休会迎接7月4日独立庆典，任命一委员会探索解决方案。委员会通过“大妥协”化解分歧，在众议院中采用比例代表制，参议院中采用平均代表制。众议院中各州代表人数不同，但每个州都有两名参议员（宪法第一条第二、三

① 译文引自汉密尔顿、杰伊、麦迪逊：《联邦党人文集》，程逢如、在汉、舒逊译，商务印书馆2013年版，第264页。

款）。各州都不会丧失参议院中的平等地位，除非征得它们的同
1 意，而各州对此均不会赞同。大妥协搁置了其他一些问题，其中至关重要的一项是如何就代表制和税收问题统计被奴役的非洲裔美国人口数量，但若无大妥协，宪法其余部分将形同虚设。

大妥协创建了什么样的立法机构呢？2000年选举后，拥有3 500万常住人口的加利福尼亚作为最大的州，向众议院推选了53名议员。相形之下，怀俄明州凭50万常住人口只拥有1名众议员，但怀俄明和加利福尼亚都选举2名参议员。这种差异化的平衡机制使人口稀少的各州在参议院中具有较大优势。拥有全美半数人口的10个州，其代表在众议院的435名议员中占到236名，但只有20名参议员。占人口另外半数的40个州却拥有80名参议员。



宪法规定每个国会选区至少要有3万常住居民，但没有规定最高限额。每10年一次人口普查后，众议院席位会重新分配以体现人口变化。众议院由最初的65名议员稳步增长，至1910年人口普查后达到435名。众议院议事大厅变得拥挤不堪，议员的桌台只得换成剧场座位。国会担忧庞然之躯使立法进程拖泥带水，故将众议院议员人数限定为435人。每次人口普查过后，某些州将获得议席，其他一些州则失去议席。为避免众议员流失，乡村选区经年力争，导致选区规模异常悬殊。比如，曾长期担任众议院议长的山姆·雷伯恩（得克萨斯州民主党人），其乡村选区人口只有来自达拉斯市的众议员所代表选区的三分之一。直至1964年，最高法院才将“一人一票”原则应用到众议院议席重新分配当中，要求选区拥有相同数量的常住居民。

国会两院可以制定各自的规则，两院适应不同的代表制，

发展迥然相异。19世纪晚期以来，更为庞大的众议院采取的规 2
则允许多数党占据优势，前提是多数党议员在投票时众志成城。参议院的规则使占少数的一方拥有更多发言权，不论其为少数党，还是少数党中的一部分，甚或只是一位参议员。众议院越发层级分明，而参议院逐渐成为平等的机构。尽管两院差异显著，但任何议案成为法律均须两院以完全一致，甚至连标点都相同的行文予以通过。

## 议会缘何不可？

制宪会议上放弃的一些意见原本可能促成近似于议会（parliament）的立法分支，在这类议会中，首相和内阁大臣乃立法机构成员。国会原本可能选举总统并有权以“治国不力”（maladministration）为由罢免他们，这些规则可能使总统一职近似于首相之职，使任期取决于保持国会多数。甚至有建议主张参议员终身任职，没有报酬，使参议院成为贵族院，将众议院作为平民院。



不过，国会也还是沿袭了英国议会的两院制模式。在一个多世纪的时间里，殖民地立法机构大体上分为上院或总督参事会以及民选议会。美国革命期间，一些州认为一院制立法机构更彰显平等主义，遂取消其上院。大陆会议以及《邦联条例》确立的国会也都是一院制。然而，财产持有者们担忧不受约束的民主的立法机构将转而劫私充公，这种想法为宪法注入了深层考虑。尽管众议员会由民众直接选举，参议员起初则要由州立
法机构选任，再由选举人团选举总统，由此组成混合政府，以避 3
免“过分民主”。

美国的政体明显有别于各种议会民主制。总统和各位内阁部长均不在国会中占有议席，任何分支的任一成员均不同时在另一部门任职（副总统例外，宪法为使他不至于无所事事而任命他为参议院议长，直至或除非需要他填补总统职位空缺为止）。与首相不同，美国总统在其政党于下次国会选举中不再占据多数时不会下台。因此，总统们曾时常不得不与反对党领导的国会多数党周旋。

英国广播公司记者阿利斯泰尔·库克发现，对于美国国会没有安排“质询时间”而在此期间以英国议会下院问询首相的方式就当下政策问询总统，历任英国驻美大使无不困惑不解。库克向他们解释道，各分支相互分立固然妨碍了采取这一安排，但国会拥有要求总统内阁在委员会面前接受监督的优势。他指出，“作为一种执政考问形式，国会常设委员会的全天候盘问”是首相和内阁部长在英国议会下院面对的质询和哄笑所无法同日而语的。没有议会多数党的支持，首相领导的政府将垮台，但国会多数党可以无视总统的立法提案、否决其预算案、拒绝承认其提名人选或拒不批准其政府议定的条约。



党纪在国会中时强时弱，参、众两院也各有不同，但总体上很少像在议会制下那么强大。参、众两院议员首先且主要对选
4 民负责。政党领袖们要想报复持不同政见者并不容易，他们的投票是这些政党领袖们在随后的事务上将要仰赖的。多数党领袖或许需要求诸反对党成员以赢得选票。不过，国会领袖们几乎不必像在议会制之下那样对第三党心怀忧虑或打造执政联盟，因为各州都不会以比例代表制帮助小党派获取国会议席。甚至座席在形式上都迥然相异。与大多数议会之中主要党派相

视而坐、相互对峙不同，参、众两院议事大厅的半圆形座席有助于不时实现两党联合。

其他民主国家普遍倾向于议会制。美国国会相比之下更加拖沓、烦冗、低效，但这正是宪法制定者们的初衷。他们建立这一制度为的是避免草率行事、调和舆论的任何突变、防止权力过分集中、保护公民权利并就一些艰巨的问题塑造国家共识。

## 一切必要且恰当的法律

宪法将“一切立法权”赋予国会，也一并规定了一长串具体的责任和禁止事项。通过授权国会制定一切“必要且恰当的法律以行使上述各项权力”（宪法第一条第八款），宪法条文甚至隐含着更为广泛的权力。以“弹性条款”著称的此项规定使国会无须通过许多新的宪法修正案，便可将其支配权延伸至大量新问题上。



国会拥有“钱袋权”，也就是为全部联邦支出拨款的独占权和为偿付支出而进行征税的责任。宪法的“贸易条款”授权国会调节各州之间以及美国与其他国家之间的贸易往来（宪法第一条第八款）。1930年代关于最低工资和最长工时的法律即源 5
于贸易条款，如同1960年代宣布废除种族隔离。国会有权建立联邦法院系统并确定最高法院的法官人数。国会可以铸造货币并从中借款，可以批准设立邮政局并修建驿道，可以规范移民并针对破产和版权制定法律（宪法第一条第八款）。经三分之二多数赞同，国会可以将宪法修正案交予各州批准（宪法第五条）。

国会对于外交和军事政策的影响不那么明确。尽管总统如今以军队总司令的名义（宪法第二条第二款）提出了扩张性权力主张，但国会拥有召集陆海军、为国防提供经费和宣战的权力（宪法第一条第八款）。美国曾多次未经正式宣战便参与战争，而发动战争的权力已经成为政府各分支之间争夺最为激烈的领域。

旨在呈现法案如何成为法律的流程图是整齐有序的，与此不同的是，经由国会立法通常遵循着复杂的路径。大量提案被捆绑成一揽子立法建议，支持者和反对者均须接受这一策略而别无他选。这种捆绑使国会和总统双方更加剑拔弩张，总统必须签署或否决这些“综合”法案。多数法案呈交到总统案头之际已经获得大量支持，致使总统很难否决它们却不遭遇不良政治反应。



由于各种对立派系的冲击，立法者们时常面临艰难抉择。任何单独一位议员都无法原封不动地促成一项重大法案在国会获得通过；若无危难当头，总统们也无法指望实现一切期待。深陷大萧条之时，富兰克林·D.罗斯福提交的紧急银行法案在当
6 天上午获得众议院批准，参议院在下午予以通过，罗斯福在当晚给予签署。国会当中所有人都没有时间通读法案。他们在绝望中投票表决以使其成为法律，所幸它有效地恢复了公众对银行系统的信心。以相似的仓促，国会知晓大众渴望两党迅速协同响应，便于2001年“9·11”恐怖袭击后一周之内通过了《美国爱国者法》（HR 3162）。然而一段时间之后，有人却情愿国会曾深入考量其中影响公民自由的若干条款。大部分法案需要更长时间，它们必须在组织、程序及党纪存在广泛差异的两院中冲破种种障碍。

## 人民的众议院

在众议院的每次会议上，警卫官都会将众议院权杖——顶端为美国秃鹰、长40英寸的银杖——带入议事大厅，这一安排源于古罗马，经英国议会传承下来。权杖被放置在议长演讲台旁边的基座上，以示众议院正在召开常规会议。当众议院作为全体委员会时，为放宽规则并加紧工作，权杖会被安放在一个较低的基座上以示变化。一旦群情激奋或发生骚动，警卫官便将象征众议院威信的权杖高高举起以恢复秩序。规模更小、更加肃静的参议院从未发现有使用权杖的必要性。

众议院如今由435名民选议员、1名来自波多黎各自治邦的属地居民代表以及5名来自各属地和哥伦比亚特区的委任代表组成。委任代表可以在各委员会而非众议院议场上投票表决。如同绝大多数州立法机构，民选议员使用电子投票系统投票，他们将一张投票卡插入议事大厅46台投票箱中的一台，并按下"赞成"、"反对"或"出席"。记者席上方的大型发光计数屏为投赞成票者亮绿灯，为反对票亮红灯，为出席票亮琥珀色灯。侧 7
门上的电子计数器显示对法案投赞成票和反对票的票数，以及剩余投票时间。议员们成群结队地蜂拥而入，在议场上东奔西蹿，为己方的有效投票欢呼雀跃。甚至在辩论期间，众议院看起来也始终是一派繁忙的景象。议员们起身在议事大厅前下沉的发言席上发表简短但时常颇为尖锐的言论，法案负责人落座的席位装有话筒，使他们的发言能够在嘈杂声中被众人听到。

为在美国探寻民主制度，法国政治观察家亚历克西·德·托克维尔曾于1832年探访众议院，却为其间辩论的粗鄙大为震惊。在他看来，众议院代表着下层民众。在参议院旁听席，他听取了向聚精会神的议员们发表的庄重演说，随即将其认定为贵族阶层。为反驳这种看法，曾在参、众两院任职，来自密苏里州的托马斯·哈特·本顿指出，许多参议员曾经在众议院任职，两个机构因此并非代表不同阶层。规模较大的众议院始终比较小的参议院更为喧闹、繁忙、高效和激进。

众议院逐渐发展为诸多团体的混合体，包括政党大会、委员会、议题导向的党团、州代表团、新议员班子、祈祷早餐会，此外还有若干其他方式用以凭借数量打造实力。众议院的三层发言席从底层的普通议员至顶层的议长，恰如其分地反映着这个机构的建制。众议院议长起初效仿英国下院议长，担任中立的主事官员。然而，来自肯塔基州强悍有力、雄心勃勃的亨利·克莱于1811年成为议长后，立即使这一职位更具政治色彩，议长于是也成为多数党领袖。凭借政党大会和幕后功夫，议长无须投票且通常不参与议场辩论便发挥着领袖的作用。为向议长和众议
8 院多数党配备代言人，逐步发展演变出了多数党领袖一职（最初由议长任命，随后由多数党大会选举产生）。议长要依靠多数党领袖为议事大厅准备每周的工作日程，再宣读法案以对其进行辩论和投票表决。

在内战之后的工业主义时代，众议院使其委员会及议场程序实现现代化，为的是处理日益复杂的经济与社会问题。这些问题促使委员会制度本身形成更为有序的规则和专业分工。议员们待在办公室的时间开始延长并以在国会的任职为职业生涯，使资历成为扩大影响力并出任委员会主席的衡量标准。（政治学家们将这种发展称为国会的“制度化”。）

1880年，众议院就规则事务成立了一个新的常设委员会，这一委员会对议长的权力相当重要。由此开始，每逢宣读一项颇具争议的法案，规则委员会就会规定辩论时间以及可以向议场提出的修正案类型。这使议长及多数党领袖得以大体了解法案的构成以及投票表决的时间。19世纪晚期的议长们负责主持规则委员会，并借其管理难以驾驭的众议院。进步时代，议长约瑟夫·G.坎农（伊利诺伊州共和党人）凭一己之力阻止改革举措。叼着雪茄的“乔叔”坎农有着盛气凌人的做派，终于触发改革者们的反抗，他们于1910年强行推动表决，撤掉了议长在规则委员会中的职务。规则委员会主席于是获得自主权，时常远离其政党的议程。当1961年保守的民主党人与共和党人共同主导规则委员会之际，自由主义者们试图推翻早期的改革。议长山姆·雷伯恩以超乎寻常的个人威望致力于壮大规则委员会成员队伍并削弱主席的权力。议长从此不再主持委员会，但由他们委派多数党议员，使委员会转变为领导层的代理人。 9

1970年代，民主党大会的自由派改革者们剥夺了众议院筹款委员会向各委员会委派议员的权力，将此权力转交政党筹划指导委员会，置于政党领袖的掌控之下。议长吉姆·赖特（得克萨斯州民主党人）进一步巩固领导层的权力，直至少数党保守派领袖纽特·金里奇（佐治亚州共和党人）提起道德指控击败了他。1995年，共和党结束40年少数党地位重新成为多数党时，议长金里奇沿袭并扩大了赖特把权力集中于个人控制之下的做法。众议院共和党人为委员会主席设定任职期限，授权议长跨过其所在政党的资深议员，挑选更为志同道合的议员出任主席。

图1　约瑟夫·G. 坎农，1903—1911年任众议院议长，任期内颇具影响力

珍妮特·兰金（蒙大拿州共和党人）成为首位服务于国会的女性众议员90年之后，南希·佩洛西（加利福尼亚州民主党人）“冲破大理石天花板”，于2007年担任议长。尽管在意识形态上与金里奇相左，她却延续了金里奇的集权倾向。议长佩洛西成为所在政党的门面和喉舌，频频在众议院议场中就各类问题发言。她不经委员会同意将富有争议的立法直接带到议场以压制委员会主席。参议院多数党领袖哈里·里德（内华达州民主党人）不无赞赏地评论道：“她在以铁腕管理众议院。”

由于各项规则有利于选票在握的一方，众议院少数党领导层始终在逆境中前行；众议院多数党无须费心顾及少数党的意见，便可占据上风。少数党领袖反过来致力于安排少数党煽动对手并吸引选民。少数党的工作在很大程度上是使多数党保持坦诚，他们提出的多种立法选择几乎没有机会获得通过，却可能引起媒体的注意。尽管向议席提供修正案的能力十分有限，少数党还是试图推动投票。对他们来说，一种可行策略从来都 11
是动议向委员会重新提出议案。由于重新提出的动议可能被修改，少数党也就将其作为提出某种修正案的工具，这种修正案吸引舆论，但多数党不希望予以通过。一旦多数党投票否决该项修正案，少数党便拥有了一项竞选议题。

众议员引以为豪地自称“人民的众议院”，因为该机构是联邦政府中唯一一个始终通过直接选举形成的部门。任何人都不能被委任到众议院。如果某位众议员离世或辞职，所在州会举行补缺选举以填补空缺（这与参议院空缺有所不同，多数州长可向参议院发出短期任命）。众议院每名议员每两年参加一次选举，并在每届新国会伊始重新宣誓就职。作为全新的开始，多数党可能在国会召开之初通过多数票决，修订众议院规则，也可能对程序做出重大调整，尤其新晋多数党甫一上台更急于扭转以往的运作方式。

两年的选举周期（世界各国立法机构中的最短任期）使众议员永无止境地忙着竞选和筹集资金。每次人口普查后议席按比例重新分配，都需要各州重新划分国会选区边界。州立法机构的多数党无一例外地以保证“安全选举区”的方式对登记选民进行分类，由此划分出有利于本党候选人的选区。他们的做法是“打包”——将反对者集中到一个选区，或“打散”——将反对者尽可能分散到多个选区，以此方式削弱其影响。形容这类举措的一个众所周知的称呼“格里蝾螈”（Gerrymandering）可以追溯到1812年，当时在马萨诸塞州立法机构中，州长埃尔布里奇·格里所属政党拼凑出一些奇形怪状的国会选区。一位社论漫画家为选区图加上蝾螈的头颅和翅膀，并以州长的名字为其命名。这个称呼及这项举措就此保留下来。加上筹款和知名度方面的压倒性优势，如今众议院在任议员享有96%的连任率。

1791年一项未获通过的宪法修正案本可以将每个国会选区的人口限定在5万人。如果这项修正案获得批准，如今众议院大约会有6 000名众议员。然而，当今的国会选区通常拥有大约69万居民。批评人士认为人口的这种增长已经弱化了一度存在过的那种选民联系，他们遂建议扩大众议院议员队伍。专栏作家乔治·威尔曾发问：“为何不是1 000名众议员？”但衡量进行变革的各种理由后，他承认如此庞大的机构其“十足的臃肿”便很可能造成阻碍。

## 冷静的参议院

每当众议院议员打算竞选参议员时，议长山姆·雷伯恩就会埋怨道："你为什么要那样做？你已经在华盛顿了。"雷伯恩是有道理的。两个机构的议员薪酬相当，众议员尽管更加频繁地参加选举，却有更为稳定的位置，几乎可以保证连任。然而，作为一名参议员会拥有更高的声望和个人权威。由于参议院大部分工作的进行都需要全体一致同意，参议员一俟上任便获得权力。参议员于是能吸引媒体的更多关注，而这可以激发竞选总统的雄心。（已经竞选总统的所有参议员当中，只有三位直接进入白宫，其余则"背着过多的包袱和妥协"，这是由记者们所谓"信息驱动的简单化"总统竞选造成的。）

参议员占据着议事大厅中具有历史意义的桌位，他们将姓名与杰出前任议员的姓名并排刻在桌子抽屉中。他们通过呼声进行投票表决（时长15至20分钟，大致与众议院电子投票时间相当）。参议员有更多机会在议场上修改法案或阻止令人不快的行动。尽管众议院的规则对组织化的多数党更为有利，参议院的规则却赋予少数派更多力量。

在建立两院制问题上，詹姆斯·麦迪逊曾将参议院视为"必要的防护"。参议员由州立法机构选举产生，任期六年，每次国会选举仅有三分之一参选。麦迪逊相信，这会使参议院远离多变的公众舆论，从而可以"比人民的众议院更加冷静、有序、智慧"地运行。19世纪后期流传的一则或许并不真实的故事抓住了参议院的本质。故事称托马斯·杰斐逊在宪法被采纳后从法国返程，他询问乔治·华盛顿新政府为何需要参议院。华盛顿则问："你为什么把咖啡倒入茶碟？"杰斐逊答道："为了冷却。"华盛顿则说："这恰恰是我们建立参议院的原因，就是为了使政府冷静下来。"

杰斐逊在副总统任内通过编辑一部关于议事规则的手册（也得到众议院的采纳），为参议院鲜明的风气做出了贡献。他认为，"秩序、礼节和规则"会催生"一个庄重的公共机构"。政治事务难免导致群情激昂，但得体的语言可以缓和紧张氛围。因此，参议员不应互相直呼姓名（"伟大的……州的杰出资深参议员"），辩论时，需面向主事官员发言而不是彼此相向（这就是他们在发言中插入"议长先生"或"议长女士"的原因）。他们不能互相辱骂、质疑彼此的动机或贬低对方所属的州。任何违反规则之人都可能被勒令落座并禁止参与当日随后的辩论。资深议员会将资历较浅的议员带到一边，建议他们在议事大厅中保持得体的举止行为。





立法审议蜗牛般的步调可能会使那些急于颁布法律并改革政府做法的新晋参议员备感挫败。那些离开商界或曾担任州长的参议员已经习惯于自主地确定日程。在参议院中，他们面对的则是无休止的讨论、辩论和延期。前州长亨利·贝尔蒙（俄克拉荷马州共和党人）认为参议院令人沮丧。在他看来，"相比于担任州长的四年时间里所承担的责任、工作量以及激动人心的感受，服务于美国参议院就如同一直在观察树桩腐烂一样令人窒息"。

美国参议院被称为所有民主政府中最有权威的"上院"。这个标签在第一届国会期间只不过用以描述其所处地点，即联邦大厅中较大的众议院议事大厅楼上。公众的注意力起初更多地集中在众议院，而参议院在很大程度上致力于完善众议院通过的法律。在六年的时间里，参议院集会完全保密，甚至在敞开大门之后受到媒体的关注也不及众议院。1806年，参议员威廉·普卢默（新罕布什尔州联邦党人）愤愤不平地声称，参议院旁听席鲜有参观者，而众议院旁听席始终座无虚席。

参议院向更具权威的机构转变始于一项妥协案，这项妥协案旨在缓和牵动人心的西部准州奴隶制问题。当密苏里作为蓄奴州加入联邦一事敲响警钟之际，1820年妥协案通过承认缅因为自由州，在北方和南方之间维持了平衡。这项协议划出一条跨越全国的界限，禁止界限以北地区蓄奴，同时成对地接纳来自两个区域的新州。这意味着，在当时争议最大的问题上，参议院将分裂成势均力敌的两派。随着公众将注意力转向参议院，亨利·克莱（肯塔基州辉格党人）、丹尼尔·韦伯斯特（马萨诸塞州辉格党人）以及约翰·C.卡尔霍恩（南卡罗来纳州民主党人）等雄心勃勃的众议员也纷至沓来，他们的雄辩开创了参议院辩论的黄金时代。





各准州排着队成为新州，参、众两院也随之人满为患。1810年，共有34名参议员和142名众议员，这是他们首次占据国会大厦二楼典雅的议事大厅，但到了1851年，参议员已达到62名，众议员更达234名；国会遂授权修建国会大厦两翼，为的是容纳规模更大的议事大厅。1859年，66名参议员从原来的议事大厅迁往新址，一行人员当中包括将在联邦和邦联双方内阁及军方任职的人员。

内战后的工业革命见证了美国经济的扩张和联邦政府的扩充。处理关税、税赋及拨款事务的各参议院委员会纷纷壮大起来，富人们竞相争取参议院议席以左右经济发展。进步时代，扒

图2 “伟大的妥协家”亨利·克莱曾任众议院议长及其所属政党在参议院的领袖

粪记者指责参议院行事越来越倾向于特殊利益群体，而非谋求公益。一些指控揭出部分州议员确曾收受贿赂再投票给参议院候选人；州立法机构的内部纷争致使一些参议院议席在整届国会期间始终保持空缺。美国的进步主义者们没有采用削弱上院权力的欧洲模式，而是将选举参议员的权力从立法机构转交给民众直选。改革者们希望通过这种转变绕开不时控制立法机构的腐化的政治机器。宪法第十七条修正案在1913年获得批准，选民在次年对全部正在竞选的在任议员进行重新选举。但州立法机构并没有由此远离公众舆论。

直接选举最终却对它**没有**改变的部分起到重要作用。第十七条修正案使参议院全部原有权力完好无缺地保留下来。它使参议员更贴近其所属各州的民众，这些选民的投票是他们再次参选所需仰赖的。一些评论家以修正案削弱各州与联邦政府间联系为由主张予以撤销，但选民再不可能让出选举联邦参议员的权利。由于每次选举都有三分之二参议员继续留任，参议院自称“连续性机构”。参议院不像众议院一样在每届新国会伊始通过多数票决制定新规则，这使参议院规则的转变更为复杂且不常为之。学者型参议员亨利·卡伯特·洛奇（马萨诸塞州共和党人）评论道：“政府来而复往，众议院聚而又散，参议员变动不居，唯参议院永驻国会大厦，一直井然有序，自1789年以来保留至今始终浑然一体。”


17

参议院根据为数不多的常设规则运行，这些规则经一致同意经常会予以搁置。曾任参议院议事规则专家的弗洛伊德·里迪克坚持认为，规则原本是完备的，“如若他们改变了其中的每一项，规则也将是完备的”。他的意思是，参议院采纳适合其需要的规则，如果规则不再有效，参议院将动用宪法权力予以全部改写。参议院规则允许其比众议院拥有更多的辩论和延期时间，这致使任何事务的达成都需要更多的磋商和妥协。由此造成的缓慢步调几乎使每一个人备感挫败，但也避免了草率地颁布有缺陷的法案。

众议院之治源自主持者，参议院之治则源自议场，由参议员而非主事官员治理。参议院议长（美国副总统）不会打破偶有的联系，其仅有的权力都来自参议员的自愿赋予。副总统可以提出议事规则，但参议员可通过简单多数投票将其推翻。副总统只有经参议院准许才可在其中发言。第一任副总统约翰·亚当斯在首届国会辩论中频频插话，以致朋友们告诫他不要引起争论，亚当斯便安静下来。诸位副总统一直在政府和国会间充当联络人，但副总统斯皮罗·阿格纽犯下在议场围堵参议员拉票的错误。那位愤怒的参议员尽管来自阿格纽所属政党，却公开宣称，若副总统依然如故，他将投票支持对手。于是，通过强制和自愿承担的种种限制，副总统始终以中立姿态主持参议院，且多数情况下只在仪式性场合出现在议事大厅。



在副总统缺席的情况下，参议院会选举一位临时议长，通常是多数党资深议员。尽管这一职位在总统继任行列中排在第三位，却一直由八九十岁的参议员担任。参议院的实际领导者——多数党领袖——并没有在宪法中提及，原因在于宪法起草之际政党尚未出现。19世纪，参议院在没有议场领袖的情况下运行，由多数党大会主席从立法日程中宣读法案交由辩论。1913年，伍德罗·威尔逊总统说服参议院民主党指派一位议场领袖掌管其立法议程，约翰·沃斯·克恩（印第安纳州民主党人）于是成为首位多数党领袖。自1937年以来，两个政党的议场领袖都要求获得参议院议事大厅头排正中的席位，他们也被给予首肯权。当多位参议员同时请求准予发言时，主事官员将首先请多数党和少数党领袖掌管议场，这也就使他们获得一项议事规则上的重要优势。

法案的反对者为阻止法案获得通过，可能会把控议场并阻挠议事（filibuster）。这个术语源于荷兰语中表示“海盗”（freebooter或pirate）的词，用来形容通过控制议程反对多数党的少数党参议员。如果投票得以举行，多数党将占有优势，因此阻挠议事的少数党议员要阻止投票。好莱坞电影《华府风云》（*Mr. Smith Goes to Washington*）将阻挠议事者的公众形象刻画成把持议场数小时、声嘶力竭地发表讲话的参议员。如今，阻挠议事经常无须出声， 19
只需有人运用规则使参议院困于程序上的节点，又或困于无法实现结束辩论所需60票的终止辩论（cloture）动议。



直至1917年，当威尔逊总统所谓的“一小撮执拗之徒”阻挠有关武装美国商船以应对德国潜艇战的议事进程时，参议院尚无终止辩论规则。战争时期的氛围促使参议院设立终止辩论规则，凭借这项规则，达到三分之二赞成票即可结束辩论。在随后的半个世纪当中，阻挠议事几乎成为试图阻止民权立法获得通过的南方参议员们采取的唯一手段。直到要结束一次长达57天的针对1964年《民权法》的阻挠议事行为时，终止辩论规则才得到采用。1975年，参议院的自由主义者们将终止辩论所需赞成票从三分之二（67票）减少到五分之三（60票）。由于各党几乎都达不到60票的多数票，纯粹按照政党阵线投票也就不足以通过争议性法案。

人们对阻挠议事的看法取决于其所属政党是多数党还是少数党。多数党指责蓄意阻挠，少数党则将其作为避免遭到压制的手段而加以维护。因阻挠议事者反对司法任命而备感挫败的参议院多数党领袖比尔·弗里斯特（田纳西州共和党人）曾威胁采用“核选项”，凭借这一手段，主事官员可以裁定辩论拖拉并强制举行投票。如果少数党提出抗议，参议院凭借多数赞成票可以维持主事官员的裁决。这可以有效地将终止辩论降为简单多数票决。以“核”命名的原因在于它可能对参议院的传统造成致命打击。反对者称，核选项将终结强有力的辩论，使参议院成为另一个众议院，而一群跨党派的资深参议员找到了一种避免采取核选项的折中方案。



由于规则鼓励审慎、合作并构建共识，多数党无法将少数党
20 贬为局外人。多数党领袖通过从日程中宣读法案来规定议程，但少数党领袖握有大量可以用来阻拦行动的合乎议事规则的武器。因此，除非两党领袖达成某种协议，否则参议院不会形成任何结果。即便如此，任何一党的反对者都可能使他们的努力付之东流。参议院的程序使其成为一个“协商机构”。众议院的议员们在通过一项强有力的法案后，会因参议院达成的妥协而恼火。但众议院少数党时常感谢参议院少数党能够有力地改变或完全毁掉一项法案。参议院领袖经常向众议院中的同僚们提醒道，两院议事大厅的运作方式互不相同，而参议院多数党不能为所欲为。参议员阿伦·斯佩克特（宾夕法尼亚州共和党人/民主党人[1]）将参议院规则比作无政府状态，而认为众议院规则

① 阿伦·斯佩克特，1951—1965年为民主党人，同年转入共和党，至2009年回归民主党。

堪比专制主义，并补充道，要确定哪一个更好“是个相当困难的抉择”。

## 在让步中前行

1912年，时任众议院议长在卡尔·海登（亚利桑那州民主党人）初次当选时向他讲道：“年轻人，我希望你记住，你无法一切都按照自己的方式行事。国会颁行的任何一项重要法律无不是妥协的结果。”直至1969年离开国会前，海登都乐于向新议员重复这段话。后来的议长山姆·雷伯恩也不约而同地建议新议员：“如果你想前行，就要让步。”

立法过程是一场旷日持久的协商谈判。强者赢得选举进入国会，但在这里做成任何事情都需要他们协同工作。他们必须调整个人看法以获得多数支持，通常是将他们的目标融入充斥着其他条款的更为宏大的计划。他们必须建立同盟、争取民众关注、筹划议事策略、展开辩论并讨价还价，以此储备足够票数，从而使法案得以通过。这仅仅是为了清扫一院的道路。在另一院中，这一程序必须重新来过。随后，法案的两个版本必须在交予总统前加以协调。



21

让步、协商和两党关系对于外交政策也是至关重要的。伍德罗·威尔逊总统没能说服参议院批准结束第一次世界大战并建立国际联盟的《凡尔赛和约》，部分原因在于他没有使参议员们参与协商。第二次世界大战后，民主党总统哈里·杜鲁门倚重参议员阿瑟·范登堡（密歇根州共和党人），促成了两党一致的外交政策。范登堡在本人的观念从孤立主义转向国际主义后，力促两党在杜鲁门的冷战计划下团结起来。为使参议院批准旨在重建战后欧洲的“马歇尔计划”，范登堡建议杜鲁门政府不要一次性索取170亿美元支付一项为期四年的项目，而是仅仅争取该项目第一年所需拨款，进而缩小了反对者的攻击目标。他体会到，立法是“可能性的艺术”，无论法案本质如何，都需使其在政治上可行。

时常被称为参议院“绝妙搭档”的爱德华（特德）·肯尼迪（马萨诸塞州民主党人）和奥林·哈奇（犹他州共和党人）虽然在意识形态上相去甚远，却成功地共同发起一些著名的医疗立法。哈奇将此归功于肯尼迪愿意“与志同者合作，即使他们对如何实现这些目标有不同看法”。然而，过多妥协也有削弱有价值的观念并造成低效立法的危险。一些议员不肯为了获取影响力而放弃个人原则。长期供职于参议院的工作人员霍华德·舒曼观察发现，议员在国会中的声誉是否具有持久性取决于其一心谋权还是一意谋事。有能力震慑同僚，不能保证不被遗忘。相反，能够经受时间考验的是那些以问题为导向的议员。



1950年曾发生过一场反抗政党主张和公众舆论的著名事
22 件，玛格丽特·蔡斯·史密斯（缅因州共和党人）发表《良心宣言》，反对约瑟夫·R.麦卡锡（威斯康星州共和党人）等国会反共调查员利用“恐惧、无知、偏执和诽谤”行事。另一场无畏的抗争发生在1995年，参议院拨款委员会主席马克·哈特菲尔德（俄勒冈州共和党人）的投票使其政党丧失了需要用以批准宪法“平衡预算修正案”的三分之二差额。哈特菲尔德认定这项迂回的修正案可能引发的问题会超过能够解决的问题，便投出反对票，尽管此举危及他的主席职务。在此之后，国会便设法在没有这项修正案的情况下平衡预算。

一如詹姆斯·麦迪逊在《联邦党人文集》中写到的，社会由“多种利益集团、党派和教派”[①]组成，难以建立同盟以形成多数派，这降低了多数人践踏少数人权利的危险。国会反映了麦迪逊对于互相竞争的个人利益能促成多元性的洞察。为使法案获得通过而达成妥协的议员们恳请同僚不要“追求完美反倒一事无成”。2008年，一项曾遭总统否决的重要农业法案获得通过，某位支持者承认这项法案并不完美，他希望一些条款并没有被包括在内。他解释道：“这是一项如同所有农业法案一样的宏大立法，我们必须达成妥协才能使如此宏大的法案获得参、众两院的通过。”批评人士可以指责这项立法为“政治分肥”，又或指责其乃地方主义操纵国家政策，但起草者设计的一揽子内容尽可能满足了每个地区的生产者和消费者的广泛需求。这正是代议
制政府的本质所在。 23



① 译文引自汉密尔顿、杰伊、麦迪逊：《联邦党人文集》，程逢如、在汉、舒逊译，商务印书馆2013年版，第267页。

第二章

# 竞选与选民

比尔·克林顿在1993年就任总统时，面对惊人的联邦赤字提出一项经济计划，将削减开支和大幅增加富裕纳税人税收结合起来。众议院共和党人一致反对增加税收，连同足够多的民主党财政保守人士，使投票形成217票对217票的平局。剩下的具有决定性意义的一票将由新任议员玛乔莉·马戈利斯–梅兹文斯基（宾夕法尼亚州民主党人）投出。梅兹文斯基的选民普遍反对这项计划，这表明她所代表的富裕的费城郊区有多不情愿承担税收冲击。马戈利斯–梅兹文斯基已经对这一计划表示反对，理由是削减开支不够彻底，但在众议院议场外的民主党休息室里，她接到克林顿打来的电话，总统以其任职前途系于梅兹文斯基的投票为由发出恳请。当她勉为其难地投出“赞成”票时，听到的却是其他议员呼喊着“再见，玛乔莉”。这项经济计划获得通过，但马戈利斯–梅兹文斯基与连任失之交臂。她回顾自己唯一的一个任期，感到不得不回答的问题在于：“你是代表，还是带领？最终，你必须抛开所有闲言和杂音、全部头条报道以及任何来电，关上办

公室大门，然后做出非常艰难并且通常不受欢迎的选择。” 24

在地方上参加选举的国会议员候选人会前往华盛顿制定国家政策，但他们发现，就重要立法投票表决可能会迫使他们在国家需要和选民认可之间做出选择。他们必须衡量投票对于连任的机会产生的影响。他们定期返乡察看当地民情，这反过来会影响他们如何就立法进行投票表决。他们也想将带回家乡的联邦计划解释清楚，心想选民会问：“你近来为我做了什么？”议员李华斯（南卡罗来纳州民主党人）就是一个典型的例子；他将“李华斯结草衔环”作为明确的竞选口号，凭借他在军事委员会中的资历（这确保军队每一个部门都在其选区设有一处基地）在三十年中连选连任。



选举让选民有机会使他们的看法得到了解。他们可以决定维持现状还是做出改变，可以要求政府更加进取或要求限制政府，可以倾向于一种意识形态，或者仅仅是认可某位候选人的个人品质。选民再度选举在任议员，为的是使其在国会中积蓄资历和影响，又或者表明他们反对国家政策摇摆不定。奇怪的是，当民意测验对国会整体上评价不高时，选民更有可能再度选举代表他们本人的参议员和众议员。民众希望由自己的议员代表自己；他们偏偏不喜欢别人的议员。凭借这种观念，候选人时常通过与国会唱反调来竞选国会议员，将该机构整体上的不得人心作为竞选工具；正如某位议员向一位政治学家解释的，这是将他们自己与“国会中其他强盗土匪之流”区别开来。

## 竞选国会议员

“我要去得克萨斯了，你们可以下地狱了。”这是众议员大

25 卫·克洛科特（田纳西州辉格党人）对其选民的斥责，他们在1834年没有再次选举克洛科特——而克洛科特在两年后的阿拉莫战役中身亡。自从联邦选举在1788年拉开帷幕之后，国会议员候选人曾先后骑马、驾车或乘火车、飞机、轿车、巴士为竞选卖力奔走。19世纪时，候选人便已成为技艺高超的政治演说家，能够面对众多听众发表演说而无须扩音器。前参议员兼副总统约翰·C.布雷肯里奇（肯塔基州民主党人）临终前清晰洪亮的声音令他的医生印象深刻。这位老政治家骄傲地说："瞧，医生，我的声音可以传出一英里。"他的后来者们可以借助广播、电视和互联网向选民发表讲话。1920年代，候选人必须去适应看不见的广播听众。新的媒体满足了他们绚丽的竞选式演说风格，尽管有些人出于习惯依赖于麦克风而避免在舞台上走来走去。1950年代，政治家们坚持将电视作为触及全州观众的最佳途径。这种更加冷冰冰的媒体要求的是不同于以往的演说方式，对胜出的候选人产生了风格上的影响。



政治家们更看重亲身接触，但他们认识到，在全州范围内或在拥有成百上千选民的地区，他们可能开展的那种面对面的竞选活动将无法触及广大民众。他们为出现在镜头中使出了浑身解数，将最大一部分竞选经费花在电视宣传上。早在1930年代，幽默作家威尔·罗杰斯便评论道，政治事务已经昂贵到"即使被打败都需要一大笔钞票"。每一位议员在筹集竞选资金上消耗的时间都是不同寻常的，这也致使国会工作日缩短到周二至周四。由于资金筹集活动也为游说人员提供了渠道，这也成为一项政治事务。如今，竞选财务改革要求国会议员候选人披露其资金收支数额及资助人姓名。但在"巴克利诉瓦莱奥案"

图3 竞选活动既可能充满欢乐，也可能困难重重。图为1968年参议院少数党领袖埃弗里特·M.德克森（伊利诺伊州共和党人）和查尔斯·马赛厄斯（马里兰州共和党人）在国会大厦庆祝首次启用竞选巴士

（1976）中，最高法院推翻了旨在限制竞选开支的立法。大法官们裁定，候选人用于其竞选的个人资金不得受限。反对者将这 26
类约束称为限制言论自由，而支持者认为，不受限制的个人开支是对富人的偏袒。金钱可以开口讲话，而那些越富有的人，讲话声调也越高。

尽管进行过多方面的改革努力，竞选开支依然持续攀升。国会议员候选人越来越离不开数量猛增的政治行动委员会作为其募捐方。政治行动委员会得到特殊利益集团、单一事务集团以及国会中的热心领袖们的资助，它们将资金分拨给多个候选人，从而为他们的事业获取支持。竞选结束后，政治行动委员会

经常会帮助获胜者偿还竞选债务并为下一次角逐作准备。为某
位特定候选人筹集的资金称为“硬钱”，为一般性动员拉票（get-
27 out-the-vote）活动而非特定候选人筹集的资金称为“软钱”，其管
理不如硬钱严密。在筹集软钱的过程中，全国性政党组织会创造广泛机会使捐赠人私下同最具影响力的委员会主席会面。反过来，一些全国性协会则会为委员会主席处理他们希望获得通过的法案接待募捐者。2002年《麦凯恩–法因戈尔德法》试图禁止使用“软钱”，但反对者们创造性地寻找到了规避这项法规的途径。

一旦上任，两次选举之间的时间转瞬即逝。由于众议院中上至议长、下至新人所有议员的任期都会在两年后期满，议员们会在落选、退休或离世前不间断地忙于竞选。在众议院议员各自的选区之中，他们会坚持不懈地在临街铺面、集市和社区集会中发展选民。众议员吉恩·斯奈德（肯塔基州共和党人）形成了一种惯例，他会沿着穿越其选区的42号公路驱车，随机停在咖啡馆和理发店旁，去了解人们在想些什么。即便任期更长的参议员也遵循着相似的惯例。尽管政治家们高度依赖民意调查专家去监控民意，国会议员却时常发现，在本州做定期巡访可以无须再进行昂贵的民意调查，原因在于他们在周末可以与之交谈的民众数量会超过民调对象。参议员理查德·拉塞尔（佐治亚州民主党人）过去常说，六年任期使参议员们用两年时间做政治家、两年做政客、两年做煽动家。但参议员弗莱彻·汤普森（佐治亚州共和党人）评论道，“参议员可以去做政治家，但作为政治家之奢侈”是众议员无法承担的。“众议员每两年竞选一次。他不能远离所在选区的基础民意，否则他不会再次当选。”

在任者们称，要竞选连任，只有两条路：要么畏缩不前，要么所向披靡。即使面对反对者，众议员重新当选的概率也是比较高的，这部分是由于担任公职带来的较高的知名度，另一部分原 28
因在于，州立法机构中其所属政党会圈定国会选区边界以最大限度地扩大政党在选区中的实力。多数选区都是稳定的民主党或共和党选区。一些边缘选区则摇摆不定，总统选举年尤其如此。稳定的议席有时会鼓励议员在华盛顿保持低调。他们几乎不会联合发起修正案或在议场发言，而是会致力于增进其选区的需求并回应选民的需要。不断连任使他们得以悄然地层层攀升以影响政策。

然而，稳定的议席也有可能丧失。一些选区可能在人口普查后予以合并，迫使同僚在初选中相互角逐以占领新选区。尽管连任率达到96%，众议院的议员构成却从不是一成不变的。过世、退休、角逐其他职位以及落选，使每次选举后众议院议员队伍出现10%到20%的平均调整率。在任何一段特定的时间里，众议院半数议员任职都不超过十一年。



## 国会中的政党

宪法没有提及政党，原因在于一些制宪者曾祈盼避免形成引起纷争的“派别”。但政党还是在共和国早期迅猛发展起来，成为国会制定政策的一股关键力量。参、众两院议会大厅正中的过道将两个主要政党分隔开来。两个政党有各自的休息室，各自选举本党领袖，并各自召开本党大会。政党各自选择本党成员任命到委员会中。政党领袖、委员会主席以及少数党资深议员会在议会大厅中处理立法事务。多数党筹划并推动立法议

程，少数党则抓住每一个时机重塑议程。无论在委员会还是在议场，立法都无一例外地彰显着政党之间的紧张关系，这在各分
29 支间的制约与平衡之中掺入了政治因素。

早在1788年宪法交予批准之际，政党便初露端倪，是时宪法的支持者和反对者大体上分立为联邦党人和反联邦党人。联邦党人主导着前三届国会，直至1795年其对手（当时作为民主共和党人为人所知）赢得众议院多数席位。在1800年选举中，联邦党人在参、众两院均告失利，从此再未重获权力。经历了几十年的一党治国即所谓“感觉良好的时代”后，1830年代，国会在政治上划分为支持安德鲁·杰克逊的民主党人，及其反对者辉格党人。两党都结合了南北两派。准州地区一触即发的奴隶制问题随后最终削弱了辉格党，该党北方成员与反奴隶制的民主党人及其他党派将组成共和党。1857年后，国会便由共和党和民主党主导。



考虑到美国的疆域和多样性，国会中两党制的长期延续非同寻常。造成这种情况的因素之一在于宪法要求通过选举人团选举总统。政党需要在全国范围内整合多数选民，这鼓励其形成广泛的基础并具有包容性，同时阻碍了专注于意识形态的第三党和地区性政党。比如，得克萨斯州亿万富翁罗斯·佩罗主要依靠个人资金参加1992年竞选并获得1970万张大众选票，但没有赢得一张选举人票，致使其改革党销声匿迹。各州都由选区（选区并非宪法所定）而不是在全州范围内选举众议员，这进一步巩固了两党制。第三党偶尔会占有国会议席，但为时甚短。入选国会的独立议员需加入某一主要党团才能合情合理地获得委员会任命。在两院中都曾加入民主党党团的独立议员伯

尼·桑德斯（佛蒙特州独立议员）评论道：“即使不是政治天才 30
也知道，如果孤军奋战，成就必定有限。”

然而，在两党制的庞大营帐中潜藏着对立的观念，这在政党的国会大会中时常显而易见。内战之后，民主党成为南方乡村白人和北方城市移民的混合体。共和党在新英格兰和中西部地区仍然势不可挡，各种改革运动偶尔从西部地区推举出国会议员。因此，在整个20世纪，国会事实上在四党制下运行，保守的民主党人与共和党人联合投票反对两党中的自由派人士。1912年，西奥多·罗斯福作为进步党人竞选总统，致使共和党走向分裂。共和党在几十年当中分化为东部自由派和中西部保守派。与此同时，保守的南方人在民主党内部构成重要的少数派，逐渐积累起来的资历使他们获得了多数主要委员会的主席之职。1964年《民权法》的通过见证了“南方阵地”（Solid South）的解体，深刻地改变了国会选举模式。在一个世纪当中，国会版图曾一度遵循《密苏里妥协案》确定的旧有界限，民主党人大体上代表界限以南的选区，共和党人则代表界限以北的选区（一些较大的城市除外），这恰好自东向西将国家一分为二。至20世纪末，国会版图却近似于杰克逊·波洛克的画作。伴随所有地区政治竞争性的增强，参、众两院共和党和民主党大会内部越发团结，愿意为两党合作而跨越界限的中间派议员越来越罕见。以往政党内部分化时期，国会很少严格依据政党阵线投票，如今却司空见惯。



每四年，国会议员候选人就要与其所属政党的总统提名人
选列入同一张竞选选举票。若双方同时获胜，总统候选人在相 31
应州或选区的声望将会时常影响到他们在任上的关系。若总统

候选人在某州或选区恰巧不受欢迎，国会议员候选人就会避开全国选举票而参加地区竞选，也会在总统候选人前往当地时，避开公众视线。如果某位国会议员候选人赢得选举的差额票数超过总统，白宫将很难说服他投票赞成那些在其家乡不得人心的法案。如果一位取胜的候选人认为其当选应归功于总统的政治威望，他将出于感激和自保而支持总统。不受欢迎的总统可能在国会中对其政党造成严重打击。1977年，吉米·卡特在民主党保有参、众两院绝对多数席位时担任总统，但他疏远了那些原来的支持者以致遭遇一系列立法挫折。当卡特在1980年竞选失败时，他在傍晚早些时间甘拜下风的举动压低了西部地区的选民投票率，这些地区依旧剩余几个小时的投票时间，由此牺牲掉一些杰出民主党人的议席和参议院多数党地位。1994年，比尔·克林顿雄心勃勃的医疗保险计划一败涂地，使其政党在国会中期选举中丧失了参、众两院的多数党地位。共和党从此主导国会，直至2006年中期选举时，乔治·W.布什发动伊拉克战争及卡特里娜飓风救援处理失当使民主党得以重获多数党地位。

在提名国会议员候选人的初选制度产生之前，通常由政党领袖选拔那些层层脱颖而出的人作为候选人。进步主义改革者们推动举行初选，将决定权交予民众，这时常导致被选出的候选人要么是独立企业家，要么可以个人出资参加竞选，又或者较少
32 响应党纪。在国会中，政党也尽其所能影响结果。在参、众两院，政党大会会指派国会竞选委员会招募候选人、为民意测验提供资源、筹集资金并为如何支出这些经费提供建议。众议院多数党领袖汤姆·迪莱（得克萨斯州共和党人）将全国竞选委员

会比作主要为委员们存在的俱乐部。迪莱评论道："成员资格的主要好处就是向那些陷入困境以及发现本人身处激烈竞选之中的人提供大笔竞选资金，或者至少可以触及这些资金。但这也是互惠互利的。要获得这种集体性政治保障，必须付出额外的费用：你需要向俱乐部贡献一笔资金，资金数额根据资历、连任把握、委员会任命等情况协商而定。而一旦有需要，你必须愿意为其他一些身处险境的成员外出工作。"

计票时，落后方可能会对结果提出异议。宪法准许国会任何一院决定候选人是否获得席位。即使委员会对指控展开调查，具有争议的获胜方也可能"不受歧视"地被安排到议席上。两次有争议的选举彰显了国会两院不同的运作方式。1974年选举后，参议院规则委员会用数月时间试图重新统计新罕布什尔州的选票，该州的两位候选人都宣称本人获胜。因双方无法就哪一方实际取胜达成一致意见，参议员们将这一选举退回该州，1975年9月民主党人在一场新的选举中赢得议席。相比之下，在1984年选举中，在任议员弗兰克·迈克洛斯基（印第安纳州民主党人）起初以72票差额获胜。重新计票后，其共和党对手理查德·麦金太尔却领先34票。印第安纳州证明麦金太尔得胜。随后作为众议院多数党的民主党单独重新计票，并宣称迈克洛斯基以4票差额取胜。众议院共和党试图宣布议席空缺并迫使进行重新选举，但民主党投票表决迈克洛斯基获得议席。联邦法院裁定该项选任成立，愤怒的共和党作为少数党则将这场有争议的选举作为斗争口号，从此众议院政党纷争愈演愈烈。 33

国会只是偶尔拒绝接纳议员。1865年，国会中的北方议员将前南部邦联选举的所有议员拒之门外，直至这些州批准宪法

第十三条修正案进而废除奴隶制。参、众两院也曾以公民资格、渎职、叛国和宗教信仰问题为由将一些议员排斥在外。1919年，众议院拒绝维克托·伯格尔获得议席，这位威斯康星州社会党人因发表反对美国参加第一次世界大战的文章被判违反1917年《间谍法》。然而，最高法院推翻其定罪后，伯格尔在众议院担任了三届议员。1967年，众议院以不认同亚当·克莱顿·鲍威尔（纽约州民主党人）放纵的生活作风为由将其逐出。最高法院在1969年推翻了这项决定，理由是众议院固然凭借宪法授权通过三分之二赞成票逐出鲍威尔，但鲍威尔的任职符合所有宪法要求，因此必须获得议席。

各州不能决定国会议员的任职期限，也不能通过请愿或州内投票将其召回。有人认为，既然其所在州的宪法准许对州政府官员采取这类做法，同样的规定也适用于参议员和众议员。但所有国会议员过去没有、将来也不会被召回，除非通过宪法修正案予以批准。法院已经裁定，议员仅有的资格限制乃宪法明确规定的那些条件：年龄、公民身份以及居住地。



## 新议员群体

那些刚刚取胜的议员乃首次当选，踏入国会时怀着全新的想法想诉诸立法，他们经常对缓慢的立法步伐急不可耐。他们
34 需要一段时间才能意识到分权意味着议会大厅只是政府的一个部分而并非全部。一项在众议院顺利通过的法案可能在参议院石沉大海。立法者们必须将他们的想法包装得不仅能说服他们的领导班子，还要能获得另一院、总统以及法院的认可。一场关键性选举之后，一个全新的或经过扩充的多数党可能发起首轮

大规模立法活动，但假以时日，制衡机制会对急剧的变化构成阻碍。新任议员也会抱怨工作要求、无法确定个人日程、长时间远离家人以及大量筹款工作带来的压力，但他们都会竞选连任。

一些新议员在试图改革制度的过程中下定决心削减联邦开支并废止分肥政治，以致他们会投票反对将联邦资金划拨到本人所在选区。（“分肥”这种说法可以追溯到内战前的种植园时期，当时的农业工人会从一大桶腌猪肉中捞取食物；与此相似，当立法者们为其所在选区的特定项目取得联邦资金时，他们也就“将腌猪肉带回家乡”。）在选民中间，这或许并不是一个受欢迎的做法。在激烈角逐中取胜的议员可以说是“训练有素”地回到国会，他们更愿意为了迎合选民的需要做出妥协。那些研究国会投票模式的人观察发现，在国会中任期越长的议员越倾向于“回归中庸”，他们会调整思想观念以提高连选连任的概率。



面对国家和地方之间常见的利益矛盾，英国政治理论家兼议员埃德蒙·伯克曾在1774年向其选民表示，立法者必须表达“全国普遍意见”而不是“地区偏见”。伯克断言，议员必须敢于“在经过判断并确定选民有错时抵制他们的意愿”。然而，正是这高尚的情操使伯克在投票时与所属地区的利益唱反调，以致 35
在1780年再次参选时落败。

国家需要、政党团结以及总统施加的压力，经常迫使议员面临艰难的投票。资深参议员威廉·纳彻（肯塔基州民主党人）曾经常建议新议员“做正确的事，然后回乡向当地民众解释为何如此行事……一些表决会使你遍体鳞伤。如果你做出解释，家乡父老将使你安适如常”。政治学家们在研究代表制的过程中将国会议员分为代理人（遵循选民意愿）和受托人（坚守个人原则）两类，他们发现多数议员会根据议题融合这两种倾向。越是对选民有直接影响的问题，尤其是经济政策，他们越期待议员担当选区公仆。越是国家防御和对外政策之类事不关己的议题，议员对其采取的独立态度越常会得到选民的宽容。

在众议院，少数党议员发现他们相对容易冲破层级，在本党必然失败的问题上“投票支持其所属选区”。在参议院，为避免遭遇终止辩论规则，少数党领袖需要至少握有41票，并且要提醒政党大会，他们的力量有赖于团结一致。政党也将寻求各种方法使人微言轻的新任议员取得立法胜利，这将增加他们连选连任的可能性。在2008年补缺选举中，一位路易斯安那州众议员虽取得胜利却颇感失意，他既没有被委任到能源委员会，也没有获得情报委员会任命，但政党领袖允许他提出《国家能源安全情报法》，该法案以414票对0票获得通过。但事实证明，这场胜利不足以使他赢得另一个任期。



新议员群体对人种、族裔和性别都已经更加开放包容。地

位日益提升的国会妇女党团使女议员获得更多的影响力以推动对女性意义重大的议题，尤其是健康、教育及职场平等问题。国会黑人党团同样在促进民权和经济机会。伴随一些议员成长为重要委员会的主席，最初的国会小团体在规模和影响力方面均有拓展。女性和少数族裔国会议员使立法分支得以更好地代表国民，但其数量依然无法企及他们的实际人口比例。这已经成为州立法机构划分国会选区边界的一个难题。“不问肤色”的决定忽视种族因素，有将少数族裔选民划分到几个选区的风险，降低了少数族裔议员赢得选举的概率。但以人种或族群为中心保

证其当选的选区划分方式，被最高法院视为一种“政治隔离”，这违反了宪法第十四条修正案保证的同等法律保护。国会少数族裔代表人数不足也要归咎于划分选区的各州、提名候选人的政党、投票的选民以及没有参加竞选的潜在候选人。

## 服务选民

1934年，堪萨斯城政治大亨汤姆·彭德格斯特建议新任参议员哈里·杜鲁门（密苏里州民主党人）“多做、少说、答复信件”。参、众两院议员的基本职责是立法、传达和提出主张。他们的立法职能包括举行听证会并交回法案以进行投票表决，传达工作需要向选民通报议题并解释他们采取的立场。提出主张包括在国家事务上为选民的利益和看法作辩护，并提供选民服务。



参议院议长约翰·麦科马克（马萨诸塞州民主党人）曾说，
国会议员候选人可能意外当选，但“很少意外连任”。连任有赖 37
于使选民持续相信他们能最好地代表选民利益。响应选民需求如同任何立法成就一样有助于保证议员任职，因此社会工作占用了所有国会办公室的大量工作时间。议员办公室被表达选民意见的信件、邮件和电话淹没，办公室还通过派发调查问卷和召开城镇会议征求意见。他们认识到是选民使他们留在任上，从而形成一种顾客至上的态度。甚至具有国际视野、才高识远的参议院对外关系委员会主席J.威廉·富布赖特（阿肯色州民主党人）都曾在日内瓦为反对欧洲限制进口美国鸡肉，打断一场有关北约核武器供应的讨论。保护阿肯色州鸡肉生产商使富布赖特得以留在参议院。

宪法第一条修正案赋予美国人民向政府请愿的权利，因此支持或反对某项事务，又或者是寻求援助的请愿书在国会堆积如山，从长篇大论到措辞相同的大量明信片不一而足。直到第二次世界大战，半数立法成果都是针对特定个体或群体设计的个人法案，要么是赔偿战时个人财产损失，要么是提供抚恤金，又或者是通过移民使家庭成员得以团聚。这之后，国会普遍通过大型法案处理这类问题，个人法案的数量由此减少。如今，大多数选民服务都是为了解决社会保障或退伍军人报酬相关问题、使子女进入某所军事院校就读、加快护照签发，或者其他一些由国会干预官僚机构的问题。议员直面重大国家事务，但也以处理那些对某个人的生活产生影响的个别事务为荣。

使用互联网以前，很大一部分国会来信都通过电报传送。一位工作人员回忆他所效力的议员如何交给他一叠关于某项事务的电报，要求他将电报分为“支持”和“反对”两摞。这位议员没有阅读电报即投票支持议案，原因在于“支持”的一摞更高。另一位议员收到上万封来信反对他支持的一项议案，他却对此置之不理，原因是使他当选的民众为数更多。

电子邮件于1990年代问世，在不到十年的时间里便占到全部国会通信的80%。电子邮件使议员与其选民的交流更加便捷，特别是2001年炭疽事件发生之后，邮寄信件不得不交予放射消毒以致信件遭到拖延。一些宣传团体和协会发现，很容易推动各类组织利用互联网联络立法者。一些民间团体，如工会组织、环境保护主义者连同支持和反对堕胎权组织，对两党议员均产生影响。潮水般的邮件可能使议员们难以应对，而迟于答复或未予答复的留言可能在希望即刻获得满足的网络用户中引燃怒火。民意调查表明，尽管国会议员做过一些努力，大部分美国民众却认为议员对他们说的话并不感兴趣，民众的这种看法是一些城镇会议曾爆发愤怒的原因所在。

议员们对于新技术的采用如同技术更新换代一样迅速，年轻议员和少数党议员尤其如此。参、众两院议员如今利用网络开展调查，并已将个人网站变成电子的时事通讯。他们通过互联网参加城镇会议，同时邀请本州居民参加与立法者通话的电话会议。一通典型的电话会吸引数倍于参加一场当地现场城镇会议的民众。相应地，当某个热点问题正在辩论或一场关键性投票悬而未决时，“家乡父老”将会淹没议员的邮箱，并使他的电话线拥堵不堪。议员们明白，那些对某项事务满腔热忱的人最有可能写信或致电，他们也清楚他们不会收到绝大多数选民的讯息。但正是这些满怀热情之人在最为积极地参与选举，特别是初选。



《国会记录》（*Congressional Record*）所记载的几乎所有事务在字里行间都饱含议员对其选民所取得的成就以及重要里程碑的认可。他们为“雄鹰童子军”庆贺，庆祝50周年纪念日，或为刚刚离世之人致悼词。例如，某日的《国会记录》记载了两项决议案，分别设立了吞咽困难症国家宣传月①和克尔维特跑车国家纪念日②，在同一天也有一项决议案是悼念葡萄酒酿造商罗伯特·蒙达维的。一项如今已经消失的向乡村选民派发种子的传

① 为增进公众对吞咽困难症的了解以便尽早检查治疗，美国国会众议院于2008年通过第195号决议案（H. Con. Res. 195），决定将每年6月作为吞咽困难症国家宣传月。

② 2008年，美国国会众议院通过第970号决议案（H. Res. 970），决定将每年6月30日作为克尔维特跑车国家纪念日，借以纪念1953年6月30日正式下线的第一辆由通用公司生产的克尔维特牌美式高级跑车。该品牌跑车一直被视为美国创新观念的代表。

统曾在19世纪践行：议员们在每个国会会期都会收到农业部派发的一箱箱成袋的蔬菜和花草种子，为的是在返乡后收获美好的希望。

当今，通信领域诚然取得一些进步，议员们却还是希望有尽可能多的时间待在家乡。他们越来越多地在周末离家返乡，同时也在周末安排城镇会议，向民间组织发表讲话，走访基督教堂和天主教堂，或顺路前往当地的理发店听取民众的意见和不满。议员们设立选区办公室并派驻部分工作人员。他们也在华盛顿接待到访选民，召开早餐会，陪同参观，与参加班级旅行的学生合影并做任何其他可能的事情，为的是使选民记得他们在为选民工作。



另一种更加专门化的选民服务是保荐。议员有机会从本州提名任命到军事院校的人选。他们可以从本州推荐美国联邦检察官和联邦法官，也可以为行政分支的任命不限次数地做出推荐。一个典型的例子发生在19世纪参议员詹姆斯·巴芬顿（马萨诸塞州共和党人）身上，他不愿回绝一心求取联邦职位的某位选民，于是想出一种做法，就是对索求行政职务推荐信的每一个人来者不拒。政府招聘员了解他的这一套办法。当他以“Buffington”作为签名，也就是加入字母“g”时，意味着他希望
40 推荐人获得任命。当他如实签下“Buffinton”而没有加入字母“g”时，意味着这份推荐不必当真。

## 媒体关系和新闻报道

国会议员固然倾向于同选民直接交流，而不是由记者筛选他们的言论，但他们的竞选能否获胜依然有赖于新闻媒体。难

以控制日程安排和会议议程的年轻议员及少数党议员尤其将新闻传播作为向公众、同僚和政府广泛宣传个人理念的必要工具。

民选的众议院在1789年开始运行的第一天便向媒体敞开大门，但由州立法机构选举的参议院并没有记者席，并且在1795年以前一直闭门开会。大陆会议和制宪会议都没有公开举行，宪法中的任何条款也都没有规定国会须公开立法，仅要求发表会议记录。1841年，参议院在主事官员所在位置的上方留出一排座位，将其留作最初的记者席——这比白宫设立新闻发布厅提前了60年。国会一直是联邦政府最为开放的分支。议员们乐于作为媒体现成的信息来源发表言论并提供服务。然而，由于国会没有统一主张，面对可以主导新闻的总统，国会经常处于劣势。



国会大厦的一块铜匾记录了发明家塞缪尔·F. B.莫尔斯1844年首次在国会进行的电报演示。一项国会拨款使莫尔斯得以在华盛顿至巴尔的摩之间架起电报线路。他从华盛顿发出第一封电报的内容是“看上帝造就了什么”。巴尔的摩的回复则是“看华盛顿传来了什么消息”（电文没有标点符号）。电报从此成为国会通信的主要手段，直至1990年最后一批机器被清 41
走，新型电子通信技术才最终使其成为陈迹。无论出现何种通信技术，国会都热切地加以利用。对听证会进行电视报道使一些立法者成为全国明星，开创先河者乃参议员埃斯蒂斯·基福弗（田纳西州民主党人），对于有组织犯罪的调查使他在1951年吸引到全国观众，也促使他参加了总统竞选。威斯康星州参议员约瑟夫·R.麦卡锡的声望通过镜头树立起来，但也由镜头摧毁殆尽。反共调查使他常驻荧屏，直到1954年电视播放“陆军–

麦卡锡听证会”将他恃强凌弱的招数公之于众并导致参议院对他进行公开谴责。一些将驻地安排在华盛顿的周日早间新闻节目，如《面对全国》（*Face the Nation*）和《与媒体见面》（*Meet the Press*），定期将播放时间给予国会议员，他们期待有这样的机会向全民发表演说或向收看节目的各位国会议员施加影响。国会中第一批预言新媒体将对总统选举发挥关键作用的议员，就包括时任参议员约翰·F.肯尼迪（马萨诸塞州民主党人）。

直到1979年，众议院才准许通过电视播放辩论过程，这项服务由C-SPAN（全称“有线–卫星公共事务网”）提供。众议院的议员们吸引到遍及全国的广泛关注，以致参议院于1986年做出让步，允许摄像机进入其议会大厅。耀眼的光线改变了议

图4　记者招待会是国会大厦日常工作的一部分

会大厅的氛围，激励议员们在镜头面前发表讲话。电视摄像机也成为委员会听证会、新闻发布会及其他国会活动中的常规设备。国会大厦中最危险的地方就在国会议员和电视摄像机之间，这已经成为不言自明的真理。至1990年代，互联网打开了数字电子通信这一新局面，促使每一位参议员和众议员都去维护网络站点。

来自全国及世界各地新闻机构、代表各类新闻媒体的5 000余名记者，都持有国会记者席记者证，尽管其中只有数十名每天都会待在国会大厦记者席。国会诚然在拉拢逢迎记者团，但议 42
员对偏见和误解的抱怨，连同记者对政客试图操纵新闻报道的抗议，都挫伤了国会和媒体之间的关系。然而，不论议员们有多么抱怨新闻报道，他们都认识到媒体为他们与公众建起了最佳的联络渠道。新闻报道会影响他们使立法获得通过、重返下一任期及升迁到更高职位的机会。这种认识使国会成为记者们最易走近的政府分支。对于国会为何如此开放地运作，华盛顿资深记者詹姆斯·赖斯顿解释道：“议员们认为媒体的良好意见对他们连选连任颇为重要，他们的大部分想法都基于这一点；他们因此会同记者见面，其中一些人甚至能读懂我们的想法。” 43

第三章

# 委员会其内

一旦赢得选举进入众议院或参议院，新任议员会即刻争取委员会任命。委员会将塑造他们的立法履历，会帮助他们创造纪录、吸引媒体关注并筹集竞选资金。1987年，南希·佩洛西刚刚进入众议院便去争取拨款委员会的职位，并一直为此敦促民主党领导层。直至连选连任成功，她都没有获得这个令人垂涎的职位。议员们有时获得的任命会与期望相去甚远。李·汉密尔顿（印第安纳州民主党人）曾要求进入众议院公共工程委员会，但最终失望地进入外交委员会。这之后不久，汉密尔顿对外交政策产生浓厚兴趣，以致回绝强势的筹款委员会职位，而继续主持外交事务。

伍德罗·威尔逊于1885年写成博士论文《国会政体》（*Congressional Government*），他令人难忘地将处于会期之中的国会描述为公开展览的国会，而召开委员会会议的国会则是工作中的国会。法律法规更多地在委员会而不是两院议会大厅的议场上制定出来。因此，相比于委员会之外的席位，委员会当中的席位使议员更有机会影响有关某项事务的立法工作。议员们将大量注意力投注到委员会工作当中，或盘问证人，或审核（修订）议案。44

服务于多个委员会和小组委员会的参、众两院议员，但逢会议同时举行，便不得不在其中做出选择或往来穿梭（也更依赖委员会工作人员）。逢立法日，议员们便会同时关注委员会和议场活动。当铃声召唤他们前往议会大厅投票时，他们或许正在听取有关某项紧急国家事务的听证会，进而要迫使重要证人在此期间空等。不论日程如何混乱繁忙，委员会始终是立法程序的核心。

新一届国会召开之际，政党指导委员会将新任议员任命到委员会，一些资深议员则转到更有吸引力的委员会以填补空缺。每个政党可以获得的委员会席位数与其在整个议会大厅中的政党席位所占比例大致相当。政党大会也会限制议员可以为之效力的委员会数量。委员会接受来自不同层面的运作资金用以雇用工作人员，这些资源由多数党把控，但会与少数党分享其中的一部分。



参、众两院的规则界定了每个委员会的管辖范围，在它们之间分配政府主要事务。委员会又再细分为小组委员会以进一步实现专业化，并由它们承担绝大多数工作。小组委员会对已经提交的众多法案进行拣选，排除大多数，而只关注一小部分。工作人员会为听证会收集资料，听证会将邀请专家证人，会吸引媒体关注，并构建一个案例以使立法获得通过。小组委员会随后向全体委员会做汇报，全体委员会也将召开听证会。一些“声名显赫的委员会”其听证会不时制造新闻，其他一些则更趋向于

以政策为导向，不那么吸引公众的注意力——其成员始终安于
45 制定法律而非制造新闻头条。资深议员劝告年轻议员埋头苦干而不是张扬其事，但雄心勃勃的新议员前来国会的愿景依然是效力于引人瞩目的委员会，希望进入具有“明星般魅力和政治筹谋”的那一个。

## 变法案为法律

立法始于提出法案（bill，源于中世纪的“bulla”一词，即带有封印的文书）。众议员要将法案投入法案投置箱（hopper）——议长演讲台上的红木箱，参议员会将法案交予议会大厅演讲台上的书记员。书记员给法案编上号码，法规专家则根据规则的要求将法案提交给适当的委员会。在参议院，法案将提交给唯一一个委员会；在众议院，法案全文或其中的某些部分会提交给多个委员会。



作为供职十年的参议员，哈里·杜鲁门曾总结道，立法者最大的成就是阻止糟糕的想法获得通过，而大多数法案的确被扼杀在委员会中。第110届国会期间（2007—2009）提交的法案达到1.4万项，只有3.3%获得通过成为法律。某些议员在一届国会中提交上百项法案，却并不奢望它们获得通过。相反，他们将这些法案视为一种手段，用以了解思想观念，促进个人利益和理想抱负，帮助某位选民或捐助人，又或增进对本州意义重大的经济利益。

为了从每年提交的大量法案中区别出重要的一些，议员们会留下象征性数字，如S1或HR1776。他们也会用适合作为新闻标题的缩写字母精心设计名称，如《美国爱国者法》（USA

PATRIOT Act）表示“为拦截或阻挡恐怖主义提供其所需恰当手段以团结并巩固美利坚”（Uniting and Strengthening America by Providing Appropriate Tools Required to Intercept and Obstruct Terrorism）。国会生涯的标志性成就是以名称为人熟知的法案，这些法案通常以参、众两院主要提案人共同命名，如《塔夫脱-哈特莱法》和《萨班斯-奥克斯利法》。为增加法案获得重视的 46
机会，法案的拥护者会向“亲爱的同事”发出信件以寻求共同提案人。立法越具有说服力，越会吸引更多的共同提案人，进而越有可能获得通过。有关建立越战老兵纪念碑的法案由全部一百名参议员作为共同提案人，进而确保其获得通过。

常设委员会和小组委员会主席将送交他们的大量法案进行分类整理，随后决定予以处理的法案以及处理顺序。主席任职曾经严格依资历而定。一旦议员进入某个委员会，无论偏离政党核心位置多远，其升迁都以服务年限为准。这总体上排除了选任主席过程中的潜在冲突。在20世纪大部分时间里，主席们作为当家之主管理委员会，其风格从专断到民主不一而足。他们曾负责决定委员会何时开会、是否设立小组委员会、处理哪些事务以及由谁担任工作人员。至1970年代，参、众两院通过改革削弱了委员会主席的个人权力，同时奖励党派忠诚甚于资历，也使委员会中的其他成员有可能推动议程中的某项事务并对选用工作人员拥有更多的发言权。



委员会主席依然具有影响力，特别是由于“主席的评价”或法案的起草通常构成委员会展开审议的起点。尽管权力已遭削弱，议员欧内斯特·霍林斯（南卡罗来纳州民主党人）还是警告避免失去委员会主席的垂青：“如果某位参议员已经提出一项法案并希望看到它取得进展，可以相当确信的是，如果他确实在其他某项事务上追击主席，便不会在他个人的法案上达成所愿。”少数党在委员会中的副主席的角色更不确定。参议员鲍勃·克
47 里（内布拉斯加州民主党人）解释道：主席“驱车掌舵，副主席在风和日丽时坐到前排。乌云密布时，则同主席的工作人员拼车”。

两党过去都习惯于将新任参议员委任到相对次要的委员会，使他们在其中得到锻炼，再将他们提升到主要委员会。林登·约翰逊任参议院民主党领袖时开启新的做法，其政党大会的每一位新议员从一开始就被派往至少一个有声望的委员会。多数新议员如今都在主持小组委员会，或作为资深少数党议员效力于小组委员会。此举使新人有机会在立法中发出个人的声音，在某项事务上摆明立场，或为其事业建立平台（更不用说使他们对提供任命的领袖心存感激）。领袖们给出的理由是，新议员会有更多时间投入小组委员会，他们也会乐于接受这项责任。广泛的主席任职也进一步彰显着政党的明日之星。但是，对于不时试图削减数量不断激增的竞争性委员会和小组委员会来说，这些做法却在使其受挫。



随着国会工作量的增加，从一届国会延续到下一届的常设委员会数量也在增加。1946年《立法机构重组法》对委员会数量予以削减，对管辖范围加以整合，并试图通过发展联合委员会减少分别在参、众两院委员会提供相同证词的过剩的政府官员。两院对协同工作的天然抵触使它们无法在一些内部政务上组成联合委员会，如政府印务和国会图书馆监督等。这部重组法也为国会委员会安排了首批专业人员。在那之前，文职工作的处理曾交予若干办事人员，这种保荐职位通常指定给主席的家

庭成员。例如第二次世界大战期间，参议院对外关系委员会的 48
全部工作人员由一位秘书、一位办事员以及一位兼职助理组成。当美国经由战争崛起时，国会意识到政府的发展壮大和千头万绪需要更为专业化的办事人员予以协助（至20世纪末，委员会工作人员已超过50人）。

最初一批委员会专业工作人员不具有党派性，他们被同等地委以多数党或少数党的工作，议会大厅主导权在两党间更替时也不会发生变化。同一批工作人员可能为某一个政党的法案撰写委员会报告，又为另一个政党的声明撰写委员会报告。这一制度在1970年代宣告瓦解，而此前便有少数党议员抱怨工作人员倾向于反映主席而不是他们的利益。委员会被授权雇用少数党工作人员，这也就默许专业工作人员转变为多数党工作人员。委员会工作人员承担起大量准备工作，他们起草法案、开展谈判、为议员在听证会上发问准备问题并向他们简要汇报立法进展。



委员会邀请专家证人作证，也可以传唤不情不愿的证人，并以藐视国会的指控惩罚那些不予配合的证人，这种指控有可能伴随着罚款或监禁。一些官员因没有提供委员会所要求的信息而面临弹劾威胁。然而，多数机构负责人乐于作证，因为他们很可能为了自身的计划向同一个委员会寻求支持。在审问证人的过程中，最先发问的是资深议员，年轻议员耐心地等着轮到自己发问。委员会成员和工作人员明白，他们对于证人的选择可能会决定辩论形式及其催生的法律。一位委员会书记员评论道：“（如果）找到恰当的证人，提出合适的问题，而他们妥善作答，那么对手还没张开罗网便已束手就擒。” 49

法案从小组委员会提交到全体委员会，委员会成员召开审议会议逐个部分地予以审核和修订。审议期间会达成妥协，新条款会加入其中，某些条目会荡然无存。委员会随后向参议院或众议院全体议员汇报已经审议的法案，同时附上一份对法案条款做出解释的报告。听证会和报告将予以出版从而形成一项记录，国会将最大一部分活动的内容予以印刷出版，其中很多内容如今已放置到互联网上。

多数法案获得通过时，在形式上与委员会提交这些法案时相差无几，这说明委员会成员对于立法内容拥有最大的发言权。两党成员之所以被吸引到特定的委员会，原因在于他们在经手处理的事务上存在个人利益，或者这些事务影响到其所在各州。因此相比于议场，委员会中的商议少有党派色彩。参议院议场中提出的修正案也许试图改善或破坏法案，但法案离开委员会之际有待补充的空间通常已所剩无几。经“常规程序”形成的委员会法案的优势在于它经过严格审核，这样的审核已经通过协商达成某些共识。一位参议员回想起曾有法案在委员会经过六天“艰苦费力”的审议，形成59项对法案进行强化的修正案。

政党领袖有时会任命特别工作小组起草法案，以此绕过常设委员会。这一程序使投身某项事务的议员们得以越过委员会的重重障碍，当议会大厅中规模庞大的多数党与委员会多数成员想法不一时尤其如此。在参议院，与避开常规程序相伴的问题是，常设委员会可能在审核会议中形成一些会引起争议的修正案，以此对法案形成猛烈攻击。特别工作小组的反对者们将这种领导方式解释为：“我们拿着这项想要塞进你们喉咙里的法律。”

## 众议院委员会

在国会中，委员会制度根深蒂固。1789年，参、众两院任命临时委员会处理专项事务，随后予以解散。众议院作为较大的机构并因此需要更完善的组织，于第一届国会期间设立了首个常设委员会。随后25年中，又增加了25个。规模较小的参议院曾仰赖临时委员会，直至狼狈不堪的1812年战争致使国会大厦成为废墟，参议员们才认识到增强稳定性、持续性和专业化的必要性。

两院规则对委员会的管辖范畴都做出了安排，但这对某些事务并不完全适合，由此存在重叠。由于众议院可以将同一项法案的某些部分送交多个委员会，两个或多个委员会或许会审查同一个机构但提出矛盾的指示。众议院各委员会会相互争夺控制权，需经一番讨价还价才能达成和解。如2001年，能源委员会、贸易委员会和司法委员会都曾宣称有权处理有关解除宽带网络市场管制的立法工作，这场冲突导致立法陷入停滞。议长不得不令委员会主席相互协商直至达成妥协。

宪法规定，所有征税法案须在众议院中产生（宪法第一条第七款），依众议院的解释，此项规定囊括筹集和支出联邦资金的全部法案。1795年，筹款委员会成立，负责管理税收和支出事务，至1865年创建独立的拨款委员会，这些职能才得到划分。众议院将筹款委员会作为“封闭型委员会”，这意味着其成员不得在其他委员会任职（规则委员会和拨款委员会同样要求专属任职）。除了税收和关税，筹款委员会还负责管理社会保障和医疗保险。鉴于责任重大，两党普遍避免向该委员会任命“触石决木之人”，以尽可能保持一种通情达理、宽松融通的氛围。威尔伯·米尔斯（阿肯色州民主党人）于1957—1975年担任主席期间以其对于税收政策的影响被认为“权倾华盛顿”，他本人集中体现了该委员会在两党合作方面的声誉。

这种形象在比尔·托马斯（加利福尼亚州共和党人）担任主席期间发生动摇。他在出任主席前已供职23年，对立法程序中的重重阻碍以及造成这些阻碍的人逐渐失去耐心。挥舞重槌的托马斯主席曾召集国会警察将少数党议员逐出委员会会议。2006年，托马斯坚持将三项独立的征税动议并入同一项法案，他将此称为“三重彩”（得名自彩池投注中对前三位赛马及其顺序的称谓）。金融委员会主席查尔斯·格拉斯利（艾奥瓦州共和党人）参议员指出，“三重彩”赌注的胜算非常渺茫。格拉斯利预计参议院可能通过两项征税法案，但不会通过第三项，因此极力主张使法案分别投票表决。托马斯在政党大会中占得上风，但正如格拉斯利估计到的，整项征税法案一败涂地，由此引发关于国会“无所作为”的指责。



## 参议院委员会

在19世纪晚期的镀金年代，国会权力集中在参、众两院委员会主席手中。他们占据着国会大厦中气派的委员会室，其中配备拉盖式书桌、豪华皮椅、躺椅、雕花边柜、土耳其地毯以及法国斜面镜。委员会室被作为主席的私人办公室，主席可以雇用一名秘书。委员会经手的立法工作的重要性决定着委员会室与参、众两院议会大厅的距离，其中几个“金钱”委员会——拨款委员会、金融委员会、筹款委员会——最靠近议会大厅。在参议院，委员会多为挂名，只是为了向主席提供一处房间和一位秘书，从不处理任何立法。一些挂名委员会甚至走入少数党资深议员当中，这表明多数党在相关事务中鲜有利益（其中之一为妇女选举权委员会）。直至首座国会办公楼于1908和1909年开放时，所有议员才获得独立的办公室。在那之后，参议院将委员会从75个削减到20个，由它们实际处理立法事务。

在1932—1980年半个世纪之中的大选期间，民主党除两届国会以外一直占据参议院多数党地位，而多数具有影响力的委员会都由南方议员主持。这种一党的“南方阵地”定期重选参议员，使他们得以积累资历。他们比全国范围的民主党更为保守，经常成为自由主义改革的障碍——1955—1967年间主持规则委员会的众议员霍华德·W.史密斯（弗吉尼亚州民主党人）以及1955—1977年间主持司法委员会的詹姆斯·伊斯特兰（密西西比州民主党人）尤其如此，他们都曾设法阻挠民权立法。伊斯特兰拒不让步，迫使民主党领导层将民权立法直接带到议场，由此绕过其委员会。伊斯特兰主席将整个委员会作为封地来管理，恰如领主以效力与保护的互利纽带约束封臣，他相当精明地在小组委员会内部向自由主义倾向更强的议员给予相对的自主性。

参议员如同众议员一样，因共同利益被吸引到委员会之中。农业委员会成员所代表的各州也许各自生产小麦、玉米、棉花、烟草、食糖或乳制品，但他们都关注农产品补贴、国际贸易和紧急救济。军事委员会中的议员们倾向于强化国家防御，而参议院对外关系委员会和众议院外交事务委员会的成员更信赖外交活动。





53

图5　参议员爱德华·M.肯尼迪（马萨诸塞州民主党人）主持参议院司法委员会听证会。两侧分别为参议员霍华德·梅岑鲍姆（俄亥俄州民主党人）和斯特罗姆·瑟蒙德（南卡罗来纳州共和党人）



这些委员会的成员在其所属各州以外或许不为人知，他们更专注于立法工作而非寻求举国关注；他们设法取得更多成就，而将干扰降到最低程度。某些委员会更趋两极分化，尤其在司法委员会，两党都任命可靠的意识形态斗士在法庭上唇枪舌剑，或围绕宪法修正案和公民自由针锋相对。参议员以往就合乎资格的法官提名进行投票表决时，出于对总统的尊重，并不考虑意识形态，但随着时间的流逝，确认程序演变为总统和参议院之间意志的较量，原因在于联邦法官通过法律解释越发积极地参与到政策制定当中，这些法律解释超出了一些国会议员对他们原先意图的料想。

相对于众议员，参议员服务于更多的委员会，他们因此更是
54 通才而非专才——众议院的议员们指责参议员乐此不疲地就所

有议题对媒体高谈阔论。当两院在协商委员会上面对面时，双方的差异尤其显著，众议员或许更精通立法细节而较少依赖工作人员。

## 拨款：万事之源

一位新任参议员曾为军事委员会的任命求助于时任委员会主席理查德·拉塞尔参议员。拉塞尔予以回绝，他解释说国会不同于州立法机构，在州立法机构，同一个委员会可以批准项目并为这一项目的开支拨款。在参议院，当负责授权的委员会就某项事务召开听证会之后，拨款委员会也将独立举行听证会并根据其决定确定拨款，或多或少，或分文不予。拉塞尔建议道："你需要的是拨款委员会的席位，那里是万事之源。"

国会掌握涉及全部联邦资金的钱袋权，这是立法职能的核心（宪法第一条第九款）。拨款逐年进行，法案须在10月1日前交予总统签署。然而，国会很少能赶上最后期限，并经常通过继续生效决议案（continuing resolution）维持前一年的支出水平。继续生效决议案不能满足不断变化的各类需求，因此并非为政府运作提供资金的最佳方式，但至少为国会争取到额外的时间。国会有时会将多项拨款法案并入综合性法案，将给予多个机构的拨款合而为一，使它们各得其所。不可预见的支出，如灾难救助，会通过补充拨款予以落实。

如今，最大一部分预算会用于社会保障、医疗保险、退伍军人年金等强制性计划以及国防开支。政府的其余项目和开支占用较少的一部分资金。常设委员会可以批准新项目，但这些项目只有在资金拨付给它们时才能启动。19世纪早期，参、众两院





55

在没有拨款委员会的情况下运行，负责授权的委员会自然希望为它们通过的所有项目提供资金，如此显然需要守财的拨款委员会。为使程序更好地运行，国会于1921年设立预算局（如今的管理和预算局），又在1975年成立了预算委员会。

每年年初，总统将预算案交予国会后，超党派的国会预算办公室会进行审核并就开支和税收做出评估。预算委员会随之召开听证会，允许政府提出理由，并由一些外人作证。委员会分析家对总统的预算案逐行检阅，做出调整，并起草预算决议。总统通常会威胁要否决超出其预算要求的任何部分。议员们在审核会议上就分歧展开协商，他们形成的预算决议将作为来年的政府财政蓝图，其中估算了税收额、应享权利预期支出以及剩余拨款水平。如果预算决议至4月15日尚未通过，拨款小组委员会可以在没有决议的情况下开始工作，推动预算委员会按时完成任务。

《预算法》中有一项调节条款，它使预算委员会得以要求其他委员会根据预算调节其支出数额，无论是税收议案、应享权利支出还是直接支出。调节条款提供了一个重要的程序突破口，原因在于它对预算法案的辩论时长加以限制，以致无法在参议院中对法案采取阻挠议事行动。由于这项条款的存在，税收或

应享权利的任何变化通常会以某年度“预算和调节法”的名目示人。众议院规则对修正案加以限制，参议员的辩论时间则被限制在50小时之内。即便在50小时之后，参议员仍可以提出修正案，只是不再有时间对其进行辩论。为了处理经常提出的大量修正案，参议院会举行“连续投票”（vote-a-ramas），也就是夜以继日地不间断投票，除非发起人撤回修正案。调节条款最初旨在协调国会预算委员会和拨款委员会之间的分歧，但能够避

开阻挠议事行动使其成为一项具有吸引力的立法策略，可借以推动具有争议的立法在参议院获得通过。1981年，霍华德·贝克（田纳西州共和党人）领导参议院共和党人利用调节条款，使罗纳德·里根总统的大规模减税法案获得颁布。然而，由于众多参议员表示反对，参议院随后附加了一项条款，规定凭借调节条款获得通过的法案不能增加联邦赤字。

预算决定着两院拨款委员会能够分配的资金额度。它们将总额在下属十几个小组委员会间进行划分，各小组委员会再对其全部份额加以划拨。小组委员会监管联邦支出的若干具体领域，如农业、国防、国内外事务以及能源，其威望和权力之重使主席被冠以国会山“枢机主教”的称号。由于拨款委员会以外的议员很难追加修正案，委员会成员常被那些为其中意的项目寻求资助的人们强行留在参、众两院议场长谈。



参议院拨款小组委员会须待众议院拨款小组委员会先行行动，这使众议院拨款委员会在拨款程序中扮演更为重要的角色。其工作人员数量更为庞大，他们将起草原始法案和会议报告。由于参议员可以修改众议院确定的开支优先顺序，对于那些认为众议院委员会对其有所怠慢的机构和个人来说，他们起着上诉法院的作用。 57

参议院小组委员会偶尔先行召开听证会并起草法案，但若众议院认为参议院越权，便会向拨款抛出“蓝条子”[1]。众议院退

① 在参、众两院，“蓝条子”分别代表不同的立法程序。宪法第一条第七款规定，征税法案均应由众议院提出。根据先例，这项独享的提出法案的权力不仅针对征税法案，也被扩展到拨款法案。而对于参议院送到众议院的并非由众议院提出的征税或拨款法，众议院可以抛出“蓝条子”予以退回。在参议院，“蓝条子”用来签署参议员对提名人选的意见。

图6　参、众两院通过各自的全部拨款法案，随后召开协商会议化解双方分歧，本图所示为1970年代的一场会议

回的参议院法案会附在一份否决决议之后，决议印在蓝色纸张上，其称呼由此而来。在其他一些情况下，众议院则发现，视而不见不失为权宜之计。比如，1982年面对巨额预算赤字，参议院通过修改众议院事实上已经降低税款的税收法案，又大幅度提高税款。

两院规则都禁止议员在拨款法案的基础上立法，也就是在拨款法案的基础上批准新项目并以拨款予以资助。这并没有阻止参议员设法向“必须通过”的受欢迎的拨款注入立法目标。
58 曾经有主事官员裁决某项此类修正案违反规则，该项修正案的发起人提出上诉，而一场多数票决推翻了此前的裁决。在随后的四年中，这一先例使参议员们得以靠拨款法案立法，尽管规则中有禁令反对此举。多数党领袖特伦特·洛特（密西西比州共和党人）最终通过安排另一场投票推翻了这一先例，进而回归到规则上。洛特解释道："我痛苦地意识到那是多大的错误。我们本不该在拨款法案的基础上立法。"

参议院会习惯性地修改众议院拨款，要求通过协商委员会化解分歧。众议院拨款委员会希望全体协商人员出席，而参议员中除了主席和资深少数党议员之外，通常来去自由。众议院代表团的庞大规模可以构成一种威胁，但参议员们可以简单地表明："这是参议院的立场。我们不会退让。"如果达不成某种和解，议案将不会通过。

众议院随后将就会议报告投票表决，或接受，或否决，又或再次委托会议予以进一步讨论。一旦众议院采纳法案，协商委员会也就随之解散，参议院则必须接受或者否决报告。拨款法案如果获得通过将交予总统，总统有十天时间予以签署或否决。如若遭到否决，法案会重返国会，国会可以进行修改或尝试推翻否决。否决拨款是一项颇为棘手的工作，因为这些厚重的法案会包括一些位居总统优先处理事项前列的条款。但由于法案对于国会议员也具有重大利害关系，他们也唯恐遭到总统的反对。

拨款程序有时如同斗鸡，总统和国会提头相向，看哪一方最先调头。1995年，比尔·克林顿总统否决了若干项拨款法案。共和党作为国会多数党本可以通过一项继续生效决议案，使政府在原有支出水平下持续运行，最后却选择使联邦政府因资金匮乏而关门。多数党认为公众会指责总统。令他们惊讶的是， 59
公众却反对中断政府服务，转而对国会百般责难。

通过被称为专项拨款的具体要求，拨款法案可以向某机构一次性提供一笔运作资金，也可以精确指示该机构如何支出经费。划拨专款由于围绕在其周围的游说活动已经遭到普遍反对，但许多议员还在对这一做法进行辩护，理由在于决定联邦开支的应该为民选代表而非政府官僚。专项拨款最初大多投向大学的研究计划。然而1996—2006年间，专款数量在一个会期中就从3 000项猛增到1.3万项。市长们开始恳请本州议员为道路、污水处理厂、港口疏浚以及环境项目等不在行政分支目标清单前列的事项争取联邦资金。其他一些专款则反映出预算动议遭管理和预算局否决的行政分支的私下要求。当国会开始怀疑行政机关的优先支出事项，尤其在国防和情报领域，分治的政府便会鼓动采用这一办法。但即便在多数党和总统属于同一政党时，专款都在快速增长。过高的数额引起了公众的关注，其中一个代表性事件是2005年一项2.33亿美元的拨款被指定用于阿拉斯加两处人口稀少的社区之间一座“不知所终的桥梁”。



游说人员将专项拨款视为满足主顾需求的最直接方式，于是努力使国会议员们相信项目的价值及其对于连任概率的推动作用。争取专项拨款的游说人员也筹集竞选资金，进而给人们留下利益冲突的印象。以权谋私的丑闻在2006年浮出水面，揭露出诸多议员和工作人员在收受好处后才推动专项拨款，此后
60 这一做法被公开等同于令人嫌恶的政治阴谋。然而，公众对于专项拨款的看法是矛盾的，选民还是希望其议员“把好处带回家乡”。某位众议员曾发表声明，宣称他已经为所属选区的项目争取到数百万美元的联邦资金，但他也被迫补充道：“最近出现很多有关专项拨款的讨论，尽管我并不支持浪费性开支，却还是认为国会议员对于其选区的需求比华盛顿的某些政府官僚拥有更好的判断力。”

约翰·F.肯尼迪还是参议员时，主持委员会挑选出五名杰出的美国参议员，将他们的肖像展示在参议院议会大厅外的接待室。肯尼迪将超越州和政党界限的具有政治家风范的举动作为最高标准予以褒扬。这种设想似乎正与“政治分肥”截然相对，而五位被选出的杰出参议员之一即为亨利·克莱[其他几位包括丹尼尔·韦伯斯特、约翰·C.卡尔霍恩、罗伯特·拉福莱特（威斯康星州共和党人）以及罗伯特·塔夫脱（俄亥俄州共和党人）]。内战前，克莱向道路修筑、运河开凿及港口疏浚等“国内改造”提供联邦扶持，由此推动了国家主义。克莱的计划在国会内部建立起政治联盟，同时试图以全国交通运输网连接各州。在国会这样多元民主的机构中，资助地区项目始终是决策当中的一项关键内容。一个多世纪后，参议员巴德·舒斯特（宾夕法尼亚州共和党人）主持众议院交通与基础设施委员会，对全国公路和机场建设展开立法工作。舒斯特推动其委员会扩大到75名议员，成为众议院最为庞大的委员会；他的理由是，在法案中拥有项目的议员越多，委员会便会在议场中获得越多的赞成票。针对舒斯特的批评意见称，他人后院的公共建设工程开支乃是政治分肥项目，舒斯特对此反驳道：“国会正在做的事情是越过他们的种种反对，为国家的未来创建资产。” 61

第四章

# 议场之上

保罗·西蒙（伊利诺伊州民主党人）在众议院供职十年后赢得选举进入参议院，参议院不同的运作方式对他完全适合。他认为众议院更多地受委员会驱动，不鼓励议员在其效力的委员会管辖范围之外提出法案。他曾为支持所属委员会之外的立法做出努力，其他委员会主席则经常轻蔑地回以“我们正在加以研究”。相反，参议员事实上可以不受限制地对辩论中的任何法案提出修正案。由于兴趣非常广泛，西蒙如今可以“涉足众多领域”。

就组织化的众议院和个人主义的参议院而言，两者议场的差异对于理解立法程序至关重要，但两处议事大厅旁听席的访客们在离开时对其所见所闻时常颇感困惑。他们可能看到议长在几乎空无一人的议事大厅发表演说，却如同被专心致志的同僚围绕左右，又或者在看起来永无止境的法定人数点名过程中，似乎不会开展任何事务。议场负责人和法案反对者或许会使用令人捉摸不透的议会辞令。那些曾希望聆听现代版丹尼

尔·韦伯斯特的人们时常失望而归，但对立双方之间偶尔会爆发一场真正意义上的辩论，他们深谙议题，激情澎湃地唇枪舌 62
剑。当铃声响起，议场中的一举一动纷然杂陈，议员们从各处门厅转进转出，进行投票表决，并三五成群地交换见闻或设法达成协议。

周密复杂的立法策略在议场的一言一行间得到调整以促成法案的颁布。相互对立的双方会利用一系列立法策略对法案加以推进或施加阻碍。由于党纪长期以来都难以在国会中得到贯彻，围绕重要法案会构建跨党同盟，每个政党都试图剔除另外一党中持有不同政见之人，这使许多立法之战的结果难以预测。

## 辩论、规则与程序



参、众两院议场上的活动是程序、政策、政治、个性和立场的混合体。每天的会议都始于一段时间的“早间事务”，议员们此时可以根据个人意愿做简短发言（众议院为一分钟，参议院可长达一小时）而不会遭到反驳。早间事务结束后，两处议会大厅便开始立法，尽管众议院严格的时间限制以及参议院的规则与传统都大体上保证了礼仪礼貌，但辩论却可能变得激烈异常。议员们可能在几乎空空如也的议会大厅发表讲话，支持或反对某项议题的双方也可能展开谈话。辩论记录员将各种言论记录下来，这些言论会公布在次日的《国会记录》中，在他们看来，“真正的政治家”会提前向他们奉上事先备好的文本。

在辩论中，众议院保留着五分钟规则，对议员发言时长加以限制，尽管在休会后，一些议员会根据“特殊程序”返场发表长篇讲话，在另一方不出席的情况下就某项议题进行“辩论”。特

63 殊程序并不是立法会议，但还是会被列入《国会记录》，并通过C-SPAN进行播放，这可以帮助议员们锤炼论点并获得宣传。在1979年配备摄像机之前，众议院的议员们很大程度上是在委员会室建立起声誉的，但电视使他们得以向全国观众发言。一位频繁利用特殊程序的众议员注意到，只要出现在镜头中，“办公室的电话便会亮起灯来”。电视节目尤其有助于持不同政见者和少数党，他们或许在国会中缺乏将计划制定为法律的赞成票，却可以转而面向全国观众提出充分理由。

巴拉克·奥巴马（伊利诺伊州民主党人）在为期不长的参议员任职期间只在参议院议场中逗留过很短时间，主要为投票才匆匆进场，旋即前往处理其他紧急事务。在他若干次担任主席时，议场上通常只有一位参议员在几乎空无一人的大厅中讲话。他注意到，“在全世界最伟大的审议机构里，没有人在留心倾听”。丹尼尔·韦伯斯特和亨利·克莱令现代辩论望尘莫及，但政治演说早已成为陈迹，议场策略如今更有赖于投票表决而不是能言善辩。对于身在少数党而乐于在辩论中进行一番冷嘲热讽式攻击的搅局之人，一旦成为多数党的一员，就会对其他议员进行安抚、取悦或与之交易，以换取对其法案的支持。一些最为多产的立法者往往不事声张。他们认为，如果掌握选票，便无须发言；如果需要发言，便没有选票在握。有时，发言可能影响到法案获得通过的机会。参议员哈里·里德回忆道，当他进行首次发言提出纳税人权利法案（该法案在他作为众议员期间从未能在小组委员会中获得通过）时，主事官员和下一位等待发言的参议员刚好都是有税收管辖权的参议院金融委员会成员。他们听了他的发言并同意对他的法案伸出援手。里德评论道，法

案得以通过“固然与我的沟通能力有关，但更加重要的是哪些人在留心倾听”。 64

相比于其他两大分支之中的任何一个，国会都更多地在公众的视野中谋事，更倾向于通过听证笔录、报告及其他参、众两院文件将多数事务予以公布。议员们谈论的几乎所有事情，连同一些他们没有谈论的事情，都会出现在翌日的《国会记录》中。宪法并没有要求国会在大庭广众之下运作或公布全部会议记录，只要求“不时”出版一期刊物。参、众两院保留了议程期刊，作为每日活动概要。它们不同于《国会记录》，后者脱胎于早期报刊记者为写入文章予以发表而撰写的笔记，随后编为《辩论年鉴》（*Annals of Debate*）、《辩论记录》（*Register of Debate*）以及《国会巡览》（*Congressional Globe*）。国会直至1840年代才为辩论雇用官方记者，政府印务局直到1872年才开始公布《国会记录》。这部日志囊括了一揽子信息，不仅包括法案文本和相关发言，还包括社论、颂词、毕业演讲、选民信件以及议员加入其中的呈现他们所读所思的大量其他内容。



议长或临时议长会从某个特定时间出现在任一议会大厅的几位等待发言的议员中选择议员轮流主持事务。有人将会议主持视为一项繁重的义务，但它是议员借以熟悉议程和规则的最佳途径。他们也可以应允为同僚担任主持而获得一些报偿。初出茅庐的主事官员需要做的只是谨遵建议（并大声重复规则专家的低语），一旦会议陷入争论，经验更加丰富的议员将接手主持。

参、众两院的规则专家们必须掌握正规规则以及数千先例。博学、公正、谨慎的规则专家在辩论中向双方提供信息，但避免

65 因**仅仅**回答他们提出的一些问题而将一方的秘密泄露给另一方。众议院的程序比参议院更加系统严密，但两院都可以放宽乃至搁置规则。众议院可以通过转变为“全体委员会”实现这一点，其更为宽松的规则会加速工作进展（参议院只有在充当弹劾法庭时才作为全体委员会）。而参议院则要通过全体同意才能放宽或搁置规则。曾在两院效力的尤金·J.麦卡锡（明尼苏达州民主党人）对两院的规则和程序都持怀疑态度，他告诫新议员不要为设法记住它们花费太多时间。麦卡锡评论道：“参议院规则非常简单易学，但在实践中很少得到遵行。众议院规则太过繁琐。要利用规则专家。”

## 众议院多数党的支配地位



多数党领袖从立法日程（经委员会上报并准备予以讨论和投票的法案清单）中宣读某项重要法案之际，参、众两院的运作表现出最大的差异。在众议院，法案最先交予由多数党牢牢控制的规则委员会，委员会将起草一份称为特别规则或特别程序的决议，这份决议会确定将要提交到议场的修正案数量和类别以及为辩论分配的时间。一旦众议院以多数票通过特别规则，多数党领袖方知其只需保持团结一致就可得到使法案获得通过的票数。少数党除了设法扰乱多数党之外几乎别无选择。某位参议院多数党领袖曾不无渴望地表示：“我可以毫无保留地告诉我的同僚们，有些时候我希望自己是众议院议长。众议院议长不必担心少数党，他们无人能敌。”

考虑到规模和与生俱来的尾大不掉，众议院不允许采用阻碍议事进程或其他拖延策略。其规则使中断讨论并强行投票更

图7　两个议事大厅中更加宽敞的众议院议事大厅是举行参、众两院联席会议的地方



为简单易行。众议院多数党采取过各种策略，从允许提出大量 66
修正案（以协调党内分歧）到限制可以进行辩论的数量（以推动政党团结），不一而足。无论什么时候某个政党稳居大多数，众议院都经常会讨论诸如国防授权等重要法案的诸多修正案。众议院一位工作人员注意到，“允许少数党提出修正案而由规模庞大的多数党予以定夺，由此做到宽宏大量是容易的”。但优势较小会导致结果难以确定，以致多数党会对提出修正案的努力加以限制。

如果法案陷入困境并需要施以援手，或将启用“挽救”修正案。1968年，众议员查尔斯·马赛厄斯（马里兰州共和党人）支持一项自由居住法案，法案旨在消除租售房屋过程中存在的种族歧视。为避免反对者彻底损毁法案，他提出了一项弱化法案

某一部分的“挽救修正案”。相反，制定“扼杀”修正案是为了
67 使法案难以接受而使支持方望而却步。但扼杀修正案也可能事与愿违，正如众议员霍华德·史密斯作为隔离主义者为了摧毁1964年《民权法》而在其中增加了妇女平等权利条款。自由主义者担心这项修正案将动摇对于整部法案的支持，不过还是予以接受，具有里程碑意义的妇女权利条款从此成为法律。庆祝法案通过之际，懊恼的史密斯回应道：“好吧，当然，你知道，我是把它当作笑话提出来的。”

反对者可能引入一项与法案主题无关的修正案，只是为了挑起冲突。如果主席裁定修正案违反规程，反对方可以提出动议推翻主席裁决，同时进一步安排投票以搁置诉请。即便少数党知道己方定将落败，哪怕是在程序性动议而不是实质性动议投票之际，也可以迫使来自摇摆选区的脆弱的议员就某些可能危及其连选连任的事务公开表明观点。比如，可能在下次选举中构成负面宣传的关于税收的修正案。



规则委员会可能在法案中加入一项“自动生效”修正案，以委员会的意见取代原始法案中的条款。规则委员会随后将规定，只要众议院投票赞成特别规则并宣读法案予以讨论，这一修正案将得到采纳。该程序最初用来对法案做出技术性调整，但随着时间的流逝，多数党领袖也借其绕过委员会，对立法进行实质性修改。

总体而言，多数党不会做任何帮助少数党的事情；然而，1995年众议院共和党在重获权力之际废除了一项条款，该条款曾使共和党在身为少数党的40年间困扰不已。他们禁止规则委员会宣布任何使少数党没有机会提出“带有说明的再付委动

议”[1]的特殊规则。这项程序性动议准许反对方将法案送回委员会以将其推迟。既然重新付委的动议可以得到修正，少数党便获得在议场上提出修正案的机会。将法案送回委员会不一定使其遭到扼杀（委员会可以再次将其交由议场讨论决定），但由于法案已经在议场上虚耗掉宝贵的时间，多数党领袖很可能不急于再行宣读。 68

就再付委动议而言，多数党使其对手获得一项武器，但它还是有办法使少数党按兵束甲。作为多数党，几位共和党领袖都曾指示其大会成员投票反对民主党提出的有关任何议题的再付委动议。这样的党派一致性在民主党大会中并不常见，于是民主党恢复多数党地位后，再次改写规则，对采用再付委动议加以限制。多数党也可以在“搁置规则”的名义下提出一项法案以反击少数党的动议，这一程序是为了加快非争议性问题的进展，如为邮局命名，但这需要三分之二赞成票才得通过。因此，从搁置规则法案议程中宣读重要法案实为孤注一掷，很可能导致落败。即便如此，由于搁置规则法案不可加以修正，这种策略也就避免了少数党议员提出令多数党难堪的修正案。多数党因此保护着本党，尽管或许并没有推进立法议程。



投票表决可能使议员无法既对所属政党忠诚，又在家乡保持声望。政党领袖们明白，要求议员自断政治前途会弄巧成拙，在关系到各州利益的事项上，议员们会留有余地。然而，每一张选票都可能是至关重要的。乔·莫克利（马萨诸塞州民主党人）

① 众议院“再付委动议”可以带有说明，也可以不带说明。若无附带说明，法案或决议仅仅送回委员会重新审议。若动议带有说明，则委员会主席须就法案（或决议）及其修正案向众议院做出报告，而修正案会并入法案当中。因此，带有说明的再付委动议在功能上相当于为法案附加修正案。

曾受到同僚托马斯·P.“蒂普”·奥尼尔议长（马萨诸塞州民主党人）的敦促，让他在众议院规则委员会的一次关键投票中提供支持，他迟疑不决地表示：“老天，蒂普，这很难办。”奥尼尔则回答道：“嘿，老乔，简单的事情我才用不上你。”

众议院多数党通常占有优势，但也有例外。某些时候，议
69 长和多数党领袖不得不让他们反对的法案在议场上进行投票表决。在乔治·W.布什总统否决一项包括美军撤离时间表的伊拉克战争开支法案后，支持时间表的议长南希·佩洛西准许对经过修订取消时间表的法案进行投票，因为她知道，多数党没有推翻总统否决所需的三分之二赞成票。民主党领袖为了使法案更符合其政党大会的心意而加入其他一些条款，包括提高最低收入及向卡特里娜飓风受难者提供灾难救济。这一版本获得了通过，并得到总统的签署。



众议院议场议程的杂乱无章无人不晓，在其历史上曾上演过不少恶战。曾对这些议程有所研究的政治学家们注意到，尽管友好和合作永远受到欢迎，但真正的立法成就却是通过政治上的矢志不渝和坚持不懈实现的。众议员们认为，国家治理必然存在分歧，他们的不同意见反映出国家观念的多元性，即使是愤怒的辩论也可以带来立法和改革。谢罗德·布朗（俄亥俄州民主党人）就其众议院任职评论道：“许多观察员认为，我们的豪情万丈和党派忠诚实在幼稚，我们不停地在政党利益上言不由衷地故弄玄虚。但这些外表的激情和愤怒，乃至冷嘲热讽，是在用语言表达深信不疑的同一种理念。”议员们毕竟是通过竞选进入国会的，他们在此过程中成为反对者和社论作者攻击的靶子。当置身众议院议场时，他们通常已经可以全副武装地应对

立法之战。

## 参议院少数派的威力

被选入参议院的众议员们需要忘记他们学到的关于众议院规则的大部分内容，因为两院的运作截然不同。参议院鲜有冲动之举，其议事日程和运作程序由领导层制定。参议院在议事步伐上更加庄重有礼且深思熟虑，每位议员都更加随和， 70
大部分事务的处理都需要一致同意。这意味着，仅只一位议员就可以在参议院中撑起工作，使其成为个性导向的机构。众议院领袖不断号召参议院领袖拿出勇气直面对手，但参议院领袖回应道，他们在立法及程序方面的力量和权力本就不同于众议院。

参议院法定人数需达到议员的51%才能开展工作，但若非投票时间，议场中的参议员通常为数甚少。除非某位参议员要求注意法定人数未能达到，以此作为拖延策略，通常都假定法定人数达到了。因此，需要多数来构成法定人数，从而使议程得以继续。招呼参议员点名时，会响起铃声。有时，参议员故意避免按照程序进入议事大厅，为的是令多数党无法行事。多数党领袖随后可以指示警卫官“逮捕”缺席议员并将他们护送乃至扛到议事大厅。然而，大多数时候，法定人数点名仅仅是保证议事大厅继续开会的策略，同一时间也许休息室中正在起草一项妥协案，又或者下一位预先安排的发言人不能及时到场，这一程序比正式休会相对简便。

参议员们要坐在议事大厅中指定的位子上。每天清晨，每一位参议员的桌子上整齐地摆好前一日的《国会记录》、最新执行议程（列出将要处理的提名和条约）和立法议程（即“事务议程”，列有待处理的法案和决议）以及当日待辩论法案或协商会议报告，这些文件排成一列，各有十几页。这种整齐划一或许会造成错觉，其实会议程序很难井然有序。参议院每年要通过成
71 百上千项法案，但只会讨论其中的几十项。绝大多数法案和决议都经一致同意的协议或呼声表决予以通过，并没有漫长的讨论和点名。协议是在委员会和休息室中达成的，因此缩小了需要在议场分出高下的争论范围。但大量投票表决还是需要举行的，这要求政党领袖每时每刻都严阵以待。曾身为党鞭和议场领袖的米奇·麦康奈尔（肯塔基州共和党人）参议员强调，花时间待在议场中十分重要，当“棘手的表决摆在面前，而票数非常接近”时，务必待在那里。在鱼贯进入议事大厅的参议员当中，部分人或许根据工作人员的强烈要求进行投票，但一定会开放地面对政党领袖做出判断。



在众议院议场上，重要法案的命运取决于规则委员会的决定，与此不同的是，参议院规则和行政委员会负责分配办公室和停车位，这些有效的便利设施与推动立法关系不大。众议院领袖们享有的特别规则所带来的好处是参议院领袖们所不具备的，他们转而依靠一致同意形成的协议。一致同意可能会涉及一些日常事务，如要求将一项发言印在《国会记录》中，如同其已完全经过宣讲，又或者会确定法案辩论时长及如何加以修订。一项完整的法案也可以经一致同意予以通过，而无须辩论或唱名投票。由政党的议场领袖苦心协商形成的协议更加复杂，而一旦得到采纳，也只有通过一致同意才可加以变更。

如今，参议院的大部分事务都通过一致同意予以处理。这

样的协同可以搁置常规以节省时间。比如，参议院的一项规则要求法案在通过之前须宣读三遍，该规则通常由一致同意予以搁置，除非某位议员想要推迟决定并表示反对，而迫使书记员花掉数个小时大声宣读长达数百页的文本。一致同意有助于领导层推动立法，同时授权给每一位参议员，他们中的每一个人都可以起身说出“我反对”。领导层随后将设法确定招致反对的原 72
因（或许与正在考虑的事务有关，但也可能无关）并决定他们是否可以给予满足。

与一致同意相反相成的是“推迟”。参议员们若正在推迟一项法案或提名，会私下知会其政党领袖。多数党领袖随后将不会宣读该事务以进行讨论，直至推迟得到取消。参议院规则并没有授权采取推迟的做法，但这一做法在实践中还是得以遵行，因为政党领袖不希望毫无防备，而是想要知道是否有人打算对某项一致同意表示反对。如果议员的反对意见得到满足，他们或许会取消推迟，又或者多数党领袖会等到会议结束并让大家知道所有推迟都已取消，以检验各种反对意见是否已经偃旗息鼓。



仅一位参议员就可以对参议院、众议院和总统的意志构成阻碍。1988年夏季休会前的最后一晚，参议院就一项试图废除银行与证券分业法[①]的法案展开辩论。两院都已经以压倒优势通过了这项法案，但通过形式各不相同。协商会议报告化解了双方的分歧，众议院也予以批准。当参议院最终着手处理该法

① 即《格拉斯-斯蒂格尔法》，亦称1933年《银行法》，系1930年代大危机后，为确保商业银行避免遭遇证券业风险而将投资银行业务和商业银行业务区分开来的一项法律，美国金融业由此实现银行、证券分业经营。

图8　1893年10月18日《帕克》(*Puck*)[①]杂志刊登的漫画夸张地临摹参议院争论不休的传统,暗示过分能言善辩或许并不能令人信服

---

① 《帕克》杂志是创刊于1871年的幽默杂志，主要刊登漫画作品和时政社论，尤以政治讽刺漫画见长。杂志的风格和定位比较贴近莎士比亚在《仲夏夜之梦》中塑造的"帕克"一角，故名。

案时，参议院银行业委员会主席要求经过一致同意摒弃冗长的法案宣读。唯一一位持不同意见的议员阿方斯·达马托（纽约州共和党人）再三反对。当再次要求形成一致同意后，他表示“这位参议员的听力有问题”。“我反对。如果你想要我大声表示反对，我就大声说出来。”多数参议员已动身回家，只有委员会成员留了下来，因此不可能通过点名采纳协商报告，致使一致同意因达马托而无法实现。参议院于是在未能通过这项法案的情况下休会。

由于参议院表决票数通常颇为接近，连同需要在争议性事务上加紧争取最后一批悬而未决的投票，骑墙派在应对法案负责人方面发挥着重要影响力。地方利益集团、游说人士、政府 74
联络人以及寻求帮助和投票的其他人员都在拉拢参议员。不止一位多数党领袖将设法领导一个由如此强大的个体组成的机构比作管理一群猫。而参议院规则几乎没有向多数党领袖分配具体权力。林登·约翰逊（得克萨斯州民主党人）曾评论道，他唯一能够依靠的就是说服的力量。其他领袖则将参议院形容为百位来自各州、经历各异且观点不一的个人构成的“复杂关系网”。

自1975年参议院终止辩论所需赞成票从三分之二减少到五分之三（100名参议员中的60名）后，多数党领袖便更加频繁地在宣读重要法案之后随即以终止辩论动议对辩论加以限制。多数党领袖提出动议以着手处理一项法案，由于这一动议具有争议，多数党领袖会立即提出终止辩论动议。实现终止辩论表明参议院对法案颇为重视，且法案将以某种形式予以通过。如果终止辩论动议落空，多数党领袖会在剩下的时间中着手处理另一项事务。

由于参议员们每周末定期返回本州，立法工作日缩短为周二至周四。这一完成任何事务都显紧张的时间使得阻挠议事造成的威胁更为有力。阻挠议事不再采取陈旧的冗长发言方式，而是成为少数党无声的工具，并且经常得到采用而非作为最终手段。参议员阿伦·斯佩克特评论道：“阻挠议事的成本如今非常低廉。你所要做的事情只是表明：我要阻挠议事。随后将进行终止辩论投票，而60张赞成票无法达成，该项事务也就付之东流。”虽不胜其烦，60张赞成票的要求却在推动妥协退让和两党合作。为了实现任何能够带来结果的事情，参议员们必须跨越
75 党派界限并吸纳超越党派、地区和意识形态的广泛支持。



1970年代，参议员杰西·赫尔姆斯（北卡罗来纳州共和党人）提出了不断提出争议性修正案并要求唱名投票的策略，尽管他所支持的一方很有可能落败。保守的赫尔姆斯打算将持自由倾向的立法者对某些社会问题的看法记录在案，如艾滋病防治资金、堕胎、法院强令校车服务以及由联邦资助有时显得乏味的艺术工作等。赫尔姆斯在为其行动作辩护时表示：“我曾希望参议员们公开表明立场。我当时想让他们的选民决定接下来将要发生的事情。当参议员们不得不凭借记录而不是鼓唇弄舌进行竞选时，事情会真正开始改变。”

为了应对这样的策略，多数党领袖们诉诸“扩充修正案之树”。参议员一旦提出一项修正案通常会失去发言权，但按照“优先承认权”，多数党领袖总是先于任何其他议员被叫到。因此，多数党领袖可以提出一项修正案，随后即刻争取承认，进而对这项修正案提出另一项修正案（即所谓“二级修正案”），由

此持续提出修正案。参议院就这些修正案进行投票表决之前，其他修正案都不会进入程序。呈现此类修正案如何扩展的图表与树木相仿，它们于是被称为“修正案之树”。此举旨在避免法案反对者就他们选出的某项修正案赢得第一轮投票，这或许会为多数党制造某些政治问题，又或者会使法案产生重大变化。

少数党议员抗议道，扩充修正案之树妨碍了富有意义的辩论。他们不能仅仅是来到议场并提出修正案。某位参议员曾试图使媒体关注他所提出的阻止参议员向自己的修正案提出二级修正案的解决之道。媒体席的记者们不得不向他表示相关报道很难刊出，原因在于“无法向任何圈外人加以解释”。 76



## 立法如灌肠

老话说：“法律就像香肠。最好不要看到它们是怎样制成的。”说服、压力和讨价还价混杂着糅合到每一部法案当中，进而成为法律。处理立法事务直至其颁布，需要向尽可能多的参议员有所给予。对于没有直接利害关系的立法，议员们或许会交换投票，通过支持其他人热衷的计划换取其承诺支持本人的计划，这一做法被称为滚木材（logrolling）[①]。在投票方面，议员们会感受到总统、所属政党、背后的选民以及游说人员施加的压力。一些议员直到前去投票的最后时刻都无法做出决定。他们将这种情况比作“忙碌的研讨会”，试图根据塞在口袋里的便条、简报、工作人员的私语、同僚匆忙的简介以及白宫最后一刻的来电决定如何投票。

① 源于人们互相协作搬运木材的传统。

唱名投票的数量增长迅猛。1953年，即艾森豪威尔执政首年，众议院举行了71场记名投票，参议院举行了89场。至1999年，众议院记名投票增加到611场，参议院则增加到374场，这表明程序的变化使提出修正案并采用记名投票更加简单易行。

政党领袖们急欲了解可能产生的投票结果，于是安排党鞭充当“计票人”。在众议院，代理党鞭和地区党鞭决定着议员们的倾向，他们站在议事大厅门口怂恿议员们站在政党一边投票表决。担任过众议院多数党党鞭的托尼·科埃略（加利福尼亚州民主党人）曾表示：“如果你当真是一位出色的计票人，就不会让某些导致失败的事情发生。”出色的计票人会保留与议员相关的信息，用以交换、劝诱、倚重或胁迫议员。议员们在欲与政
77 党共荣辱和“投票支持其所属选区”之间左右为难，可能故意对初衷闪烁其词。除非计票人善于识别肢体语言，否则他们可能错误地为尚未决定乃至投票“否决”之人记下赞成票。



计票人提醒道，想当然地假设任何人会给予支持都是危险的。政党、意识形态和个人因素都可能对议员的投票产生影响。参议员罗曼·赫鲁斯卡（内布拉斯加州共和党人）曾想当然地认为保守的同僚巴里·戈德华特（亚利桑那州共和党人）将支持他正在发起的选举权法案，却没有发现戈德华特已经对该项法案的自由主义版本添加了一项修正案。当戈德华特投票反对赫鲁斯卡时，赫鲁斯卡目瞪口呆，冲过去要求解释。戈德华特辩解道：“我已经对法案提出修正案，不打算投票反对我自己的修正案。”

参、众两院投票通常需要15至20分钟。在这期间，议员们可以改变投票，如果票数非常接近，焦急的政党领袖和同僚们便

会奋力拉票。领导层或许也会保留一些选票，一旦清楚得知即便没有这些票数法案也必将通过，他们便放开这些选票，使投票在政治上更加便利。在参议院中，立法书记员会大声宣读赞成者和反对者，随后将最终计票结果交予主事官员，由其宣布法案是否通过。在实行电子投票的众议院，当主事官员通过敲击木槌宣布投票结束后，计数屏上显示的票数时常已经发生改变。事实上，木槌敲击桌面的声音并不是投票正式结束的信号。直至主事官员将计票员准备的投票单上的结果予以公布，一场众议院投票才算正式完成。

即使两院均已通过法案，程序也并没有结束。如若两个版本存在差异，其中一院必须接受另一院的不同之处，否则双方将
在协商委员会上进一步谈判。这类差异有可能是惊人的。比如 78
2007年7月27日众议院通过的农业法案长达160页。参议院在12月14日通过的一版则有1 876页。随后的协商用去数月时间才使两院达成和解。



当一院对某项法案进行表决后，利益没有得到满足的各方势力将求诸另一院，以争取做出一些具体的改变。一旦另一院将这些变化融入其法案当中，这项法案也便获得更加广泛的支持。因此，当参、众两院参与协商的议员们面对面化解分歧时，最终形成的法案将更加接近第二个版本。

两院之间在立法策略上有时需要为保全面子而分散注意力。1950年代早期，参议院再三通过立法以向教育领域提供联邦资助，但并没有获得众议院的通过。随后在1958年，苏联发射第一颗地球卫星“伴侣号”，对国会和公众造成冲击。作为回应，参议院遂将法案更名为《国防教育法》，强调通过科学教育

帮助美国人赶上苏联人。法案还是在众议院遭到质疑，于是众议院教育事业小组委员会主席卡尔·埃利奥特（亚拉巴马州民主党人）将众议院辩论圈定为以借款形式颁发奖学金，而参议院已主张将其作为补助金。众议员们抨击补助金乃某种形式的社会主义。参议院教育委员会秘书长斯图尔特·麦克卢尔注意到，“这项恼人的奖学金问题刚刚完全解决，法案便一举通过。我想，所有人都没读过法案的任何其他条目”。

两院都会估量在一项法案上将要走多远，并假设另一院将朝着相反的方向迈进，他们进而可以互相妥协让步。曾设法凭借一项移民法案角逐2006年竞选的众议院共和党人，主张既要确保非法移民无法越过美国边境，同时对已经身在美国的非法移民也不予特赦。来自多数党的汤姆·迪莱作为共和党领袖随
79 后解释道：“得知参议院将要采取一贯做法后，我们的策略是在众议院通过一项严厉的边境安全法案，然后再通过一项更加‘综合’的法案对其加以削弱。接下来的协商委员会将会形成一项附带某种有限客工计划的严厉的边境安全法案，这会是迎合每个人的法案，也包括总统在内。”相比于参议院，众议院多数党更能控制其议场程序，因此众议院参与协商的议员们预期，比起参议院多数党，他们将在更稳固的位置上影响法案的最终条款。而要使法案在参议院获得通过更需要两党合作，由于反对特赦的一些议员不肯让步，法案于是在参议院石沉大海，这对移民改革的支持者造成沉重打击，并反映到秋季选举当中。

众议员由于服务于较少的几个委员会，通常逐渐精通这些委员会处理的立法问题。在协商中，他们可以逐字逐句地展现他们对法案的了解。参议员服务于更多的委员会，很可能会更

加依赖其工作人员处理法案的初步工作，而且并不总是被授权参与到塑造法案的协议当中，这有时使他们在协商中处于劣势。众议院要求所有协商人员出席会议，而参议员将根据其利害关系出席。通常，主席和资深少数党议员等几位参议员会面对一群众议员。但参议员们会平衡这种关系，或者通过缺席的同僚委托其做出的投票，或者通过劝告众议院参与协商的议员们，某些条款将不会在参议院获得通过并由此否决议案。协商会议上会呈现诸多条款，又转而销声匿迹。当协商委员会设法商讨法案中更大的分歧时，那些曾引导某项其个人赞同的目标通过艰辛立法程序的议员们，经常会灰心丧气地眼见这些目标遭到放弃。与此同时，一些条款从未出现在任何一院的法案当中，或从未作为任何听证会或辩论的主题，却可能被添加到协商报告 80
当中。



多数党有时或许试图使少数党无缘协商决议。尽管宪法不要求国会将其事务公之于众，但参、众两院都已进行“阳光”改革，这项改革要求公开举行委员会会议。为应对这些改革，协商委员会或许会召集一次公开会议，但最多相当于“拍照招待会”，随后便不再举行其他正式会议。多数党仅仅需要大多数协商人员在协商报告上签字。有些时候，多数党甚至不会邀请少数党议员参加协商，即便这种可以在多数党掌控的众议院中奏效的策略会在参议院中产生事与愿违的结果。在参议院，少数党可以阻止协商报告获得通过。

如果同一政党同时掌控参、众两院，联合起来的领导层可以绕过协商委员会，直接在两院间达成解决方案。其中一院会修正另一院的法案，其做法是替代法案的全部用语并将其送回另一院以获得批准。另一院可以接受修正案以示赞同，也可以通过本院的修正案并将其送回。这种打“乒乓球”的方式将修正案推来推去，直至两院就同一份法案达成一致意见。多数党绕过协商会议可以使少数党无法参与讨论，也削弱了本党持不同政见者支持少数党的能力。当法案只需要略作调整因而无须协商时，也有必要采用修正案程序。

一旦协商会议就妥协做出报告，两院均必须直接通过协商会议的版本，且不再予以修正。否则，法案将再次退回协商会议或彻底流产。

即便得以通过所有这些程序，法案依然可能遭到总统的否决。如果法案送交总统后十日之内国会进入休会期，没有获得
81 总统签署的法案会宣告流产，而国会也再无可能做出反应（这就是众所周知的“搁置否决”）。但若国会依然处于会期当中，两院议会大厅都通过三分之二赞成票就可以推翻一项否决。三分之二赞成票的规定使否决很难推翻，仅仅存在否决的可能性都能说服国会根据总统的偏好改变一项法案。众议院多数党领袖斯滕尼·霍耶（马里兰州民主党人）曾解释道，任何法案的通过都需要“所有相关各方”达成一致，“在他们当中，握有否决权的总统是非常重要的参与者”。为防止遭到否决，国会会将总统期待和反对的条款集中到一起。总统只有全盘否定却没有部分否决法案的权力，因此必然否决整部法案。1996年，为了削减联邦开支，国会授权总统“择项否决”拨款，但最高法院以违反宪法为由予以推翻。里根政府以来，现代总统越来越多地采用“签署声明”，将其等同于择项否决。总统虽签署整部法案，但为了使法案符合本人的目标而对其进行重新解释并试图改变某些部

分。联邦法院尚未就此类声明是否符合宪法做出裁决。

首位坚定地行使否决权的总统是安德鲁·杰克逊，这位民主党人于1829—1837年执政期间否决了12项法案，最值得注意的是否决再次向合众国银行颁发特许状。对手辉格党没能推翻他的任何一项否决。杰克逊自认为代表全体人民并且因此比国会中的每位议员都更能判断民意。他的继任者们频繁采用否决策略，从而与国会对立起来。那些面对国会多数党对手的总统通常将否决视为英勇之举，表明他们愿意在原则问题上坚持立场。曾任众议院共和党领袖的杰拉尔德·福特（密歇根州共和党人）在1974年担任总统后，通过否决多项议案对抗国会，以表明自己是一位雷厉风行的执政者。作为多数党的民主党推波助 82
澜，送交福特的法案都是他们希望予以否决的，他们坚信这种记录将使他在下次竞选中落败。

新任总统时常以签署前任总统否决的议案开启其执政期。比如，比尔·克林顿总统首项重要立法成就是1993年《家庭与医疗休假法》，这项法案使人们得以休假来照料生病的家人，它曾两次遭到前任总统乔治·H. W. 布什的否决。国会议员有时会投票赞成某些他们并不认同却颇受欢迎的法案，他们确信总统将予以否决。总统所属政党通常投票维持否决，除非法案比总统更受欢迎。于是就有1972年国会两党联合推翻理查德·尼克松总统对《净水法》的否决，总统认为该法成本过高，但它得到了选民的强烈拥护。无论如何，否决权还是使总统获得了优势。国会议员们表示，选民会抱怨他们身为多数党却无法推翻一项否决。当他们设法就三分之二赞成票规则做出解释时，他们发现国会之外的人们并不关心立法机制。他们只想得到结果。 83

第五章

# 制约与平衡

约翰·F.肯尼迪总统曾若有所思地说道:“当我还是一名国会议员时,我未曾意识到国会有多重要,但如今我了解了。”尽管肯尼迪曾在国会两院供职16年,但直到进入白宫之后,他才体会到立法分支的集体影响力,这种影响力曾阻碍他给出的众多提案。

国会可以拖延总统的立法议程,也可以在其背后团结起来予以支持,这在新任总统于国家危难之际就职时尤其明显。1861年,亚伯拉罕·林肯和国会中作为多数党的共和党面临内战考验,但国会中南方议员脱离联邦反而有助于共和党人就前几任总统予以否决的关税、土地分配、教育及其他国内改革问题制定法律。1933年,已实现大规模扩张的参、众两院民主党作为多数党,准备颁布富兰克林·D.罗斯福送交的任何可以使国家走出危机的法案,进而在其执政“前一百天”中快马加鞭地展开立法工作。肯尼迪总统曾屡遭立法挫折,但他于1963年遇刺导致举国悲恸,从而使足智多谋的继任人林登·B.约翰逊得以通

过颁行其“伟大社会”计划取得引人注目的立法成就。 84

立法成果是衡量总统成就的重要标准，这一事实鼓舞现代总统承担起“主要立法者”和最高行政长官的角色。总统呼吁国会做正确的事，并会运用公众和幕后压力，但终究须等待国会采取行动。他们谈判达成的条约必须等待参议院三分之二议员赞成才得生效。他们的任命人选只有得到参议院的同意才能上任。他们提交的作为联邦开支水平建议的财政预算，或许会被视为“半路夭折”而被国会驳回。总统可以否决议案，结果却是国会推翻了这些否决。西奥多·罗斯福曾评论道：“我认为国会至少应该做到三分之一到二分之一，而我万分庆幸我得到了这么多。”

携以往国会经历就职的总统在应对立法分支方面具有优势。伍德罗·威尔逊虽然拥有治国智慧，却没能获得参议院对《凡尔赛和约》的赞成，在此之后，甚至不尽如人意的沃伦·G.哈定都试图与国会领袖合作制定对外政策。相反，赫伯特·胡佛在商界的管理经验和在政府的行政生涯都非常成功，却将国会视为必须尽可能予以回避的麻烦，这一思想倾向致使他成为失败的总统。胡佛身边的一位政治情报人员评论道：“他从未真正将参、众两院视为我们政府的理想组成部分。也许它们不是，但这改变不了它们既已存在并具有同等权力的事实。”



强而有力的总统们既已同选民建立起纽带，并作为军队最高统帅运用着巨大的权力，公众便将总统视为联邦政府的第一分支。然而，宪法第一条详细阐明了国会的广泛权力，随后才以篇幅较短的第二和第三条对行政和司法部门加以概括。所有这些都使国会议员对国会作为政府独立分支的地位颇为敏感。有 85
记者曾问山姆·雷伯恩议长：“您曾为八位总统效力，不是吗？”

雷伯恩恼火地回应道："我没有为任何总统**效力**。我曾与八位总统**共事**。"

## 主要立法者

国会年度会期通常始于1月，会议伊始发表国情咨文彰显了总统作为主要立法者的角色。副总统会在指定的夜晚带领一队参议员穿过国会大厦前往更加宽敞的众议院议事大厅。众议员们竞相占据中央通道两侧令人垂涎的座位，在这里对总统迎来送往可以通过电视播放出去。内阁部长和最高法院大法官在头排拥有预留座席。记者、外交官、家庭成员、工作人员、竞选捐助人及其他宾客会坐满旁听席。这些盛况均非宪法所定，宪法只规定总统"不时"就国情向国会做出汇报，并"将其认为必要且适当的议案提请国会审议"（宪法第二条第三款）。



最初两任总统乔治·华盛顿和约翰·亚当斯都亲自发表年度咨文，但托马斯·杰斐逊认为此举如同君主向议会发表讲话。杰斐逊转而将咨文交予国会，由参、众两院书记员予以宣读，后来者依循他的做法，直到伍德罗·威尔逊打破了这种传统。威尔逊作为政治学家曾对国会有所研究，他抓住亲自出席两院联席会议的难得机会巩固行政首脑的立法领导地位。随着时间的推移，媒体的诸多发展进步使观众群大为扩展。1923年，卡尔文·柯立芝首次通过广播播放国情咨文讲话。1936年，富兰克
86 林·D.罗斯福说服国会将讲话从午后改到晚上黄金时间。哈里·杜鲁门于1947年首次通过电视播放国情咨文演讲，至1990年代，比尔·克林顿的讲话通过互联网进行广泛传播。

参、众两院为听取国情咨文，连同为统计选票以宣布总统

大选获胜者而举行两院联席会议（joint session），以此履行宪法赋予的职能。两院集合起来听取外国元首或其他贵宾演讲时并不是在处理立法事务，因此称其为联合会议（joint meetings）。1824年，拉法耶特侯爵成为第一位受邀于国会发表讲话的外宾，他和乔治·华盛顿两人的肖像分别悬挂在众议院议会大厅发言台两侧。继其之后，（受邀者）还包括英国首相温斯顿·丘吉尔、女王伊丽莎白二世、以色列总理梅纳赫姆·贝京、俄罗斯总统鲍里斯·叶利钦以及南非总统纳尔逊·曼德拉。 87

图9　长期供职于《华盛顿明星报》的社论漫画家克利福德·贝里曼在1943年7月4日刊登的这幅漫画中刻画了国会和总统的积怨，并附上说明文字："这个国家如今需要的是一篇新的《互助宣言》"

第五章　制约与平衡

除杰克逊和林肯等少数例外，19世纪的总统们都将其角色界定为国会通过的各项法律的管理者，但通常在幕后或借助其国会代理人实现立法领导。而伍德罗·威尔逊开创了使行政首脑作为主要立法者的先例。威尔逊崇尚英国议会制并试图发挥首相之于国会的相似作用。他与作为多数党的民主党密切合作，而民主党当时利用罕见的党团捆绑规则（binding-caucus）维护党纪并颁布威尔逊的改革法案（在施行捆绑的党团中，政党成员同意投票赞成党团决定的一切事务，这一政策自此之后未再重演）。威尔逊说服参议院中的民主党人选择一位议场领袖安排其各项计划，他们据此选出首位参议院多数党领袖约翰·沃斯·克恩（印第安纳州民主党人）。1917年，威尔逊又说服参议院第一次采用终止辩论规则。但在取得这些成功之后，他的总统生涯以惨败告终。国会并非议会，而威尔逊在其所属政党于1918年丧失国会多数席位后依然担任总统。在执政的最后两年中，他已经无法说服参议院批准由他亲自参与谈判的《凡尔赛和约》和国际联盟。

令总统们感到失望的是，心存怀疑的选民会将国会的掌控权交给反对党，这增加了另一重制约与平衡。政府在分治时期促成过一些著名的立法，但也可能导致立法僵局，国会会漠视总统的提案并通过其他替代议案，但很容易遭到否决。约翰·泰勒（1841—1845年在任）、安德鲁·约翰逊（1865—1869年在任）以及理查德·尼克松（1969—1974年在任）几位总统在任期与国会的冲突引人注目。转投辉格党的原民主党人泰勒是首位因在任总统离世而继任的总统。他随后与辉格党分道扬镳，并否决了该党的关键立法。国会中的辉格党人则以驳回泰勒的多数立法提案和提名予以回击。于1864年与共和党人亚伯拉罕·林肯搭档竞选的前民主党人安德鲁·约翰逊，在林肯遇刺后继任总统。约翰逊在内战后重建南方，他所采取的政策在他看来是林肯会推行的宽大政策。这使得约翰逊同共和党人对立起来，这些共和党人不仅主导国会，也因南方人拒绝给予刚刚从奴隶制中解放出来的人们公民基本权利而被激怒。不同分支之间围绕史无前例的重建问题在宪法层面发生的冲突，在约翰逊遭众议院弹劾却被参议院宣告无罪时达到巅峰。

一个世纪之后，共和党人理查德·尼克松在国会中面对的是规模庞大的作为多数党的民主党。尼克松试图绕开国会，对用于在他看来耗资过高的联邦项目的拨款予以扣押或拒不支出，并否认需要国会支持其在越南投入一场不得人心的战争。然而，尼克松对水门事件的掩盖遭到曝光，使国会得以推翻他对1974年《国会预算与扣压拨款控制法》（Congressional Budget and Impoundment Act①）以及《战争权力决议》的否决，从而在两个分支间恢复了平衡。尼克松则以辞职避免了弹劾。其他时期，分治的政府也催生了跨党派的妥协让步。罗纳德·里根担任总统期间（1981—1989），众议院由民主党人掌控，而共和党人主导参议院六年，里根的多数计划都得以制定为法律，靠的是使两院相互竞争。

至21世纪，国会在政治上越加两极化。如今，总统们面对根据党派阵线投票表决的趋势，集中力量在国会中维护其所属政党的支持。乔治·W.布什执政时期，议长丹尼斯·哈斯特（伊





① 该法案全称应为Congressional Budget and Impoundment Control Act。

利诺伊州共和党人）为了避免使少数党实现权力平衡，决定不在众议院推进法案，除非得到“多数党中多数议员”的支持，即除非绝大多数众议院共和党人对法案予以支持。巴拉克·奥巴马总统执政伊始亲自走访众议院共和党大会，为其经济刺激法案寻求两党支持。在共和党人整体反对经济刺激的情况下，总统转变策略，在国会民主党中的自由主义者和保守的“蓝狗”派之间展开协商，以此维护多数党的凝聚力并在没有少数党支持的情况下制定法律。

## 意见和同意



一旦进入椭圆形办公室，总统就要做出数千项任命，从内阁成员、机构领导到外交官和联邦法官不一而足。多数任命都需要参议院予以承认，这导致行政和立法部门之间摩擦不断。引发美国革命的因素之一是皇家总督滥用任免权，这促使多数第一批颁布的州宪法将任免权赋予州立法机构。而纽约州和马萨诸塞州允许州长在立法者们表达“意见和同意”后做出任命。宪法起草者们在最初考虑由参议院提名后，采纳了“意见和同意”的方式（宪法第二条第二款）。由于参议员代表整个州，他们对于判断被提名人资格，特别是联邦法院提名，比众议员更加
90 胜任，基于这样的考虑，这项权力才被交给参议员。

同意权包括否决的可能性。1789年，参议院拒绝乔治·华盛顿将本杰明·菲什博恩任命为萨凡纳港收税员，华盛顿于是成为第一位感受到这种锋芒的总统。菲什博恩胜任有余，却没有得到佐治亚州两位参议员的支持。这一事件开创了“参议院礼遇惯例”，即某些参议员反对其所属州被提名人的意愿会得到

其他参议员的尊重。

为避免遭遇令人尴尬的拒绝，总统们遂开始在呈交提名以争取承认之前，向参议员们征求意见，这有时意味着考虑更有可能获得承认而并非作为首选的候选人。詹姆斯·麦迪逊担任宪法起草者期间曾认为提名乃是一项行政职能，但他在当选总统后放弃了个人偏好的国务卿人选，代之以参议院垂青的候选人。约翰·泰勒及安德鲁·约翰逊等几位同参议院针锋相对的总统，则 91
因若干内阁和司法提名遭到反对而颜面受损。泰勒曾三次呈交财政部长提名，每一次参议院都以更大的投票差额予以否决。

意见和同意权实际上使参议员们有权决定来自各州的人选当中谁将获得任命。乔治·斯马瑟斯（佛罗里达州民主党人）回忆道，他在参议院供职时最怡然自得的就是“任命法官。任命

图10　2001年，围绕提名前参议员约翰·阿什克罗夫特（密苏里州共和党人）任司法部长而召开的参议院司法委员会听证会上，媒体记者们在参议员和证人之间席地而坐，彰显了公众对该事件的关注

联邦法警。你对任何需要得到承认的任命都绝对拥有更大的影响力。不对，担任参议员乃是吸引力、影响力、权力都远远胜过众议员的工作”。美国律师协会曾以不够资格为由驳回参议员罗伯特·S.科尔（俄克拉荷马州民主党人）向肯尼迪总统推荐的法官提名人选，司法部官员们感到科尔对这一裁定不无欢喜，原因在于一旦总统置律师协会于不顾并坚持呈交提名，便显示出参议员科尔在立法方面的影响力。

作为参议院礼遇惯例的体现，参议院司法委员会在1913年开始对所有司法分支的提名采用“蓝条子”。在此之后，每一项提名的文件卷宗封面都会附上一张蓝色纸条。如果蓝条子上缺少（被提名人）所在州任何一位参议员的签名，该项提名便很可能再也不会走出委员会。蓝条子成为白宫与参议院的协商促进机制。面对这一事实，总统经常从参议员提交的候选人名单中挑选提名人选。然而，随着意识形态斗争席卷法院提名事务，蓝条子也失去了约束力，近年来，阻止一项提名需要一个州的两名参议员联名反对。

为了填补参议院休会期间出现的空缺职位，总统可以任命
92 某人出任该职，直至国会下一会期结束为止；如果他们希望在那之后继续任职，就需要得到参议院的批准。休会任命使总统得以保证政府在国会会期之间的几个月中持续运转。但当国会开始全年开会，休会任命也就失去了最初的意义。总统开始将其作为安置一些被提名人的策略，他们或者遭到委员会的阻拦，或者存在遭到否决的危险。乔治·W.布什总统于2005年利用休会任命使约翰·W.博尔顿出任美国驻联合国大使，而一些参议员曾予以反对，认为他不具备外交能力，无法胜任该职。博尔

顿随后一直担任该职直至2006年12月休会任命期满辞职，而参议院当时显然不会再批准其任职。当参议院进入短暂的假期休会时，总统会宣布一批休会任命。罗纳德·里根总统曾设法在周末做出休会任命，但最高法院制止了这一做法。当总统和参议院多数党来自互相对立的两党，双方通常经过磋商达成协议，总统同意不再做出休会任命，以此确保更具争议的任命可以进行投票表决。乔治·W.布什总统曾拒绝达成这样的协议，而参议院诉诸召开形式会议（pro forma sessions），在此期间，每隔几日就会有一位参议员敲击木槌宣布参议院开会并于几秒钟后关门，以此避免正式休会。

艾伦·德鲁里的畅销小说以及电影《华府千秋》（*Advise and Consent*）的主线就是否决具有争议的国务卿人选。参议院事实上批准了全部内阁提名中的95%，却否决了最高法院所有被提名人选的三分之一。参议员们的理由是，总统应该辅以认同他们并可以信任的顾问，况且行政分支的任命也不会超过总统任期。相反，司法系统乃独立分支，其成员在品行良好的情况下会终身任职。





司法提名已发展到极具争议的地步。19世纪时，最高法院的提名直接进入参议院议场而不是委员会。参议员们关起门来讨论提名，为的是保护被提名人的隐私并直言不讳（尽管他们的讨论和表决总是会透露给媒体）。至20世纪，则由司法委员会举行听证会，同时要求被提名人代表个人利益作证并回答参议员的提问。如今，政府的“指挥者”会陪同被提名人并建议他们向参议员表达应有的尊重而不是与之辩论。法官提名人面对问题须尽力表现得开放坦率，与此同时也不能透露他们对重要事务会如何裁决。

联邦法院提名一经任命便终身任职，因此长期以来都会激起政治热情。早在1795年，参议院就曾否决过一项最高法院提名。保守派曾在1916年强烈反对提名路易斯·布兰代斯，并于1939年强烈反对提名费利克斯·法兰克福特；但他们都在担任法官期间卓有成就。1968年，保守派通过阻挠议事反对林登·约翰逊提名自由主义者阿贝·福塔斯出任首席大法官，而1969年和1970年，自由主义者分别以克莱门特·海恩斯沃斯存在财务问题而G.哈罗德·卡斯韦尔存在资格问题为由，反对理查德·尼克松任命这两位保守主义者进入最高法院。



1987年，里根总统提名前司法部副部长罗伯特·博克进入最高法院，在参议院引起激烈交锋。博克的专业能力无人质疑，招致反对的是他强硬的个人观点和意识形态倾向。博克在听证会上与参议员们唇枪舌剑，在很大程度上使自己失去了这份工作。他的反对者发起全国性宣传活动反对其提名，并游说参议员予以投票否决。自从博克失败之后，凡遭遇这类组织化运动



的被提名人就会称为“被博克”（borked）[①]。

白宫的国会联络人汤姆·科罗洛格斯曾协助包括博克法官在内的数百位被提名人设法通过任命听证会，他建议他们接受一个事实，那就是听证会不会公平：“你没有权利，也没有规定允许你‘做出抗辩’。道听途说的提问是得到准许的。任何一位美国参议员都可以就他/她选择的任何问题发问。所以要恭敬有礼……目的是证明你具有资格并毫发无伤地走出来。”

---

① 即遭遇政治攻势的诋毁。

联邦法官提名遵循着一套复杂的程序。由总统宣布提名，联邦调查局对被提名人进行背景调查，美国律师协会对被提名人进行司法资格评估。被提名人必须完成司法部和参议院司法委员会冗长的调查表。提名从宣布直至抵达委员会或许会用去数月时间。被提名人将被邀请在听证会上作证，继而会被给予一段时间对可能提出的所有问题做出回答。委员会随后将投票表决呈报给整个参议院，参议院将否决或批准提名。如果存在重大反对意见，委员会将扣住提名不予呈报，总统在这种情况下会撤回提名而不是直面失败。委员会可以驳回提名，也可以将反对票呈报给议场。在议场上，参议员可以推迟任命或通过阻挠议事加以反对。乔治·W.布什的多项司法提名都曾遇到此类拖延策略，于是他要求对其提名进行“直接”表决，宣称要求超过多数才能投票予以批准不符合宪法规定。然而，宪法允许参议院自定规则（宪法第一条第五款）。



## 战争与和平

前副国务卿尼古拉斯·卡岑巴赫曾总结道：“在对外政策问题上，国会总体而言对总统帮助不大”，原因在于这项事务缺乏 95
“政治利润”。然而应对越南战争的亲身经历使卡岑巴赫了解到，单凭总统个人“而没有国会强大的后盾，一刻都无法保持他所需要的全民支持”。因此，对外政策方面的分权不仅仅是宪法问题，更是“实际政治问题”。总统的拥护者们辩解道，国务卿或军队最高统帅不可能有535名。通常情况下，总统是战争与和平事务的主导者，他将国会介入对外政策视为一种干扰，即便宪法规定国会有权调控对外贸易、确认外交职务任命、批准条约并宣布战争。与行政机构不同，立法部门并不会统一口径。人民的代表体现着公众的意见，他们对美国参与国际事务时常意见不一。

宪法规定，总统“根据并凭借参议院的意见和同意，经三分之二在场参议员批准，有权缔结条约”（宪法第二条第二款）。“同意”一词含义明确，但“意见”一词含混不清。国会议员抱怨道，总统几乎不会在达成重塑国家政策的条约之前向他们征询意见，而总是宁愿在即将公开宣布前才通知他们。他们表示更希望在飞机起飞而不是坠落时在场。



第一届国会期间，参议员们希望华盛顿总统在做出提名及要求批准条约时，为征求他们的意见和同意前往参议院议事大厅。华盛顿表示反对，理由是提名为数众多使此举不切实际。他会派人将提名送到参议院，但同意亲自携条约前往议事大厅。这在1789年8月22日得到落实，他将有关同南方印第安部落（当时将其作为独立国家对待）达成条约的一连串问题摆在参议院面前。华盛顿形象威严，这导致有他在场的情况下展开辩论着实尴尬，从街道传入的车辆噪声也致使正在宣读的问题难以听清。于是参议员们将该项事务提交到委员会。华盛顿抗议称，“这破坏了我前来这里的所有目标”，边说边由议事大厅夺门而出。当他冷静下来后，回到议场接受参议院的建议，但这次事件之后，他再未重返参议院。多数其他总统始终保持着距离，他们派信差前往参议院递交条约，唯有伍德罗·威尔逊亲自前往国会大厦恳请批准《凡尔赛和约》以及美国在国际联盟中的成员国地位，参议院则两次予以否决。



国会曾在1812年、1846年及1898年正式向英国、墨西哥和西班牙宣战，于1917年向德国和奥匈帝国正式宣战，又在1941年正式向日本和德国宣战。其他时期，总统单独作为军队最高统帅采取行动。1801年，巴巴里海盗在地中海袭扰美国船只，托马斯·杰斐逊总统绕过立法者，命令海军执行既已同北非达成的诸项条约，并通过不经宣战的警察行动摧毁船只以“严惩”海盗。1950年，共产主义朝鲜攻入韩国，联合国安理会号召成员国击退入侵者。国会正值休会期间，哈里·杜鲁门总统自认为无须等待国会宣战即可以军队最高统帅的权力单方面支持联合国决议并派出美国作战部队。国会反过来拨款资助此次军事行动，但参议员罗伯特·A.塔夫脱提醒其他议员，他们接受杜鲁门篡夺国会宣战权将面临这一权力的永久丧失。当随后舆论转向反对战争时，公众的不满首先冲击到杜鲁门而不是国会。不过，杜鲁门还是开创了一种先例，二战以后任何一位总统都从未正式寻求宣战。



国会可以运用钱袋子的权力通过切断资助约束军事行动，但这也使议员们面临将美国士兵弃于战场这种具有政治风险的指责。尽管人们经常称，国会通过切断资金结束了越南战争，但实际情况要复杂得多。1969年，在经历为期五年的战斗且美方死难者达到2.5万人时，一项《国防拨款法》修正案阻止美国将地面战争蔓延到老挝或泰国。1970年《库珀-邱奇修正案》意在阻止理查德·尼克松总统将资金用于在柬埔寨开展军事行动，但在美军离开柬埔寨后，该项修正案才成为法律。1971—1973年期间，国会围绕其他几项旨在切断经费并将全部美军撤出东南亚的修正案展开辩论，但没有采纳其中任何一项。直至1973年6月达成和平协议并撤出美国作战部队后，国会才禁止为任何进一步的军事行动提供资金。1974年,《对外援助法》规定在越南的美国平民及军事人员不得超过4 000人,并在一年内削减至3 000人。1975年,国会拒绝杰拉尔德·福特提出的向南越政府提供应急资金的要求,该政府不久之后即遭北越推翻。

经参议员亨利·杰克逊(华盛顿州民主党人)及众议员查尔斯·范尼克(俄亥俄州民主党人)发起,国会向1974年《贸易法》添加了一项《杰克逊-范尼克修正案》。为使持有不同政见的犹太人离开苏联,该项修正案规定不与限制人口外迁的国家开展正常贸易关系,称限制人口外迁是对基本人权的一种侵犯。尽管修正案与福特政府试图同苏联实现缓和背道而驰,但福特总统意识到国会的广泛支持,还是签署了这项法案。苏联虽表示抗议但最终甘拜下风,该项修正案使百万俄罗斯人移民到以色列,另有50万人移居美国。





1982年,由众议员爱德华·博兰(马萨诸塞州民主党人)提出、附加在一项国防拨款法案中的《博兰修正案》,禁止里根政府资助尼加拉瓜反共的反对派武装。但政府绕过法律向中东出售武器并将所得收入输送给中美地区的反抗军,这一情况被发现后,是修正案推动了伊朗门事件调查。1993年,国会切断了对索马里开展进一步军事行动的资助,1994年又禁止美军在卢旺达采取行动。但美国在军事上陷入伊拉克泥潭后,国会没能削减资金或为撤军制定时间表。甚至当公众在情感上反对战争时,缓解冲突最为可行的选择通常都是由国会安排一场公开辩论,为寻求和平向政府施加压力。

2001年"9·11"恐怖袭击发生后,国会在总统背后团结起来，通过一项决议授权乔治·W.布什“利用所有必要且恰当的力量应对那些”计划或已经开展袭击的“国家、组织或个人”。次年，国会支持布什总统通过预防性战争推翻伊拉克萨达姆·侯赛因政权。国会决议授权以“必要且恰当”的方式对伊拉克使用武力，以保护美国国家安全并执行联合国决议，同时鼓励总统在发动进攻前寻求外交上的解决途径。批评意见当中包括参议员罗伯特·C.伯德（西弗吉尼亚州民主党人）指责国会“将不受制衡的权力赋予总统”。但众多议员感到，在国会选举前一个月无法就国家安全事务反对总统，在此情况下众议院以296票对133票、参议院以77票对23票对决议表示赞同。

参议员阿伦·斯佩克特对于行政分支不向国会通报进展心怀不安，他预言未来的历史学家在回顾“9·11”之后的这几年时，会将其视为“行政权不受约束而国会不起作用的时代”。美国历史学家和政治学家曾长年为总统的种种特权作辩护并认为国会在拖累对外政策，但他们已经开始重新思考这些主观想法。越战期间，历史学家小阿瑟·施莱辛格总结道，他们对于“强而有力的总统职权的热衷”乃是基于他们认同强势的总统所实行的政策。当面对可能会导致灾难的总统政策时，学者们便开始重新评估国会的作用。但施莱辛格承认，对于总统迫切要求扩大战争，国会将很难阻止，原因在于“投票否决军事拨款无论在情感上还是在政治上都是自掘坟墓”。



## 国会调查

在国会的军火库中，应对“帝王式总统”最为有效的武器是调查外交、军事或国内政策上不法行为的权力。在“麦克兰诉多尔蒂案”（1927）中，最高法院确认国会委员会有权传讯政府内外的所有人；在“辛克莱诉合众国案”（1929）中，最高法院声明国会调查无须囿于待立法案，而是可以处理对于理解已通过法律之效力确有必要的任何事务。然而，在1940和1950年代大量反共调查后，法院在“瓦特金斯诉合众国案”（1957）中附加声明指出，证人在国会作证时，享有《权利法案》（包括拒绝证明本人有罪的权利）赋予的宪法保护。

国会的首次调查发生在1792年，是时美洲印第安人挫败阿瑟·圣克莱尔指挥的军事远征，致使600名美军士兵战死沙场。众议院特别委员会召集证人并对政府档案展开审查。而总统首次行使“行政特权”便是乔治·华盛顿规定委员会只能在陆

军部审查档案。委员会最终认定圣克莱尔将军无罪，但指责陆军部没有向军队提供充足补给。内战期间，国会对联邦军队中的行为失当问题展开调查，并设法支配林肯政府的军事政策，包括任命军队将领。内战后，国会又对一系列丑闻展开调查，最引人注目的是1872年莫比利埃信托公司丑闻，调查揭露出两位副总统及多名国会议员曾接受正在以联邦补贴修筑的一条铁路的股份。

20世纪早期，一些备受瞩目的国会调查是在参、众两院办公楼中建成的宽敞的党团会议室中展开的。这些壮观的大理石会议室使听证会呈现出一派大歌剧的景象：背景宏伟、阵容强大、情节复杂，每个人都对证人的唱词翘首以盼。调查是美国分权制度的缩影，独立的立法机构可以借此审查那些行政机构倾向于加以隐瞒的问题，并揭发政府所有层面的不法行为。

调查可以使不法行为得到曝光并予以惩治。1923年，当参

议院对怀俄明州茶壶丘（Teapot Dome）石油储备地可疑的租约展开调查时，媒体的反应是有所保留的。记者们已经见过太多以声势浩大的新闻发布开始但随后不了了之的国会调查。但委员会主席托马斯·沃尔什（蒙大拿州民主党人）坚持不懈地询问证人，直至他们暗示沃伦·哈定总统的内政部长阿尔伯特·福尔卷入一项受贿案。福尔遂成为首位入狱的内阁成员。

调查可能会引起立法部门的响应。1929年股票市场崩溃且国家陷入大萧条之后，参议院银行业委员会对华尔街银行和经纪业务展开高度公开化调查，促成新政标志性的规制银行与证 101
券的立法。

调查也有可能影响政治生涯。参议员哈里·杜鲁门（密苏里州民主党人）曾全力调查二战期间的国防生产情况，这使他在1944年被提名为副总统。1951年，电视播放了国会对美国境内有组织犯罪进行的调查，主席埃斯蒂斯·基福弗（田纳西州民主党人）参议员得以成为总统竞选人。相反，众议院非美活动调查委员会及参议院常设调查小组委员会针对共产主义颠覆及间谍活动威胁，在参议员约瑟夫·R.麦卡锡（威斯康星州共和党人）主持下召开的喧闹的听证会，引起有关调查人员侵犯公民自由的担忧。麦卡锡恃强凌弱，声誉尽毁却没有证明他的多项指控。当麦卡锡本人所属委员会介入他与美国陆军之间的指控和反诉时，他随心所欲的调查才宣告结束。1954年陆军–麦卡锡听证会后，参议院两党多数广泛谴责麦卡锡所作所为与参议员身份不符。



越战期间，参议院对外关系委员会主席J.威廉·富布赖特（阿肯色州民主党人）于1966年就作战问题进行了几场“教育”①听证会。富布赖特召集对这场战争持反对态度的著名人士及政府支持者同场作证，增强了公众对反战运动的了解。1972年总统选举期间，水门大厦民主党全国委员会总部遭非法闯入，对此展开的国会调查最为著名。委员会在参议员萨姆·欧文（北卡罗来纳州民主党人）的主持下披露大量证据证明尼克松政府对政治对手采用了“肮脏伎俩”。由电视播放的听证会吸引
102 了全国大量观众，他们目睹参议员考问政府证人并发现总统曾暗中录下个人对话。最高法院驳回尼克松总统凭行政特权保留这些磁带的要求，磁带的公开显示出他曾参与掩盖事实。尼克松没有直面弹劾，而是辞去职务。



相比之下，1987年伊朗门事件联合调查没有形成更多决定性结果。委员会不得不提供有限的豁免权，才得到一些关键证人的证词，但这一豁免随后导致最高法院推翻对于他们的定罪。比尔·克林顿总统曾投资一项名为“白水”的以破产告终的地产开发项目，参议院的一个特别委员会于1996年对此展开调查，举行了为期60天的公开听证并召集了136名证人作证。共和党人和民主党人在委员会上提出完全相反的报告，而听证会对克林顿再次竞选没有产生任何影响。投资失利的克林顿随后打趣地表示，国会用700万美元试图证明他贪污腐败且头脑愚蠢。一位记者面对这种急转直下的局面建议道，国会应该调查其为何不得不事无巨细地加以追究。

然而，国会对政府机构的调查和监督一直对行政分支起到重要的制约作用。它们反映了詹姆斯·麦迪逊的至理名言，即

---

① 相关听证会邀请费正清、鲍大可、戴德华、汉斯·摩根索等美国学界十几位著名国际问题专家出席。

组建一个政府最大的困难在于，“你必须首先使政府可以管理人民；其次使它管理好自己”。此类调查通过公开不法行为并形成立法决议，为政府的自我管理提供解决之道。正如对于水门事件的调查所显示的，一次成功的调查需要调查人员对证据进行收集整理，且以聪明才智评估证据并询问证人。他们必须表现出严肃对待证人的意愿，但也要怀有一定程度的人文关怀，通过一些有意义的努力超越党派偏见，在吸引媒体和公众关注方 103
面显示出表演才能。最后，国会调查成功的标准在于国会决定从中吸取教训，避免已经暴露的问题再次发生。

## 惩罚与保护



对政府不法行为的最终惩罚是弹劾联邦官员，从法官、内阁官员到总统无一例外。仅是弹劾威胁就足够使抗命不遵的机构领导公开那些曾向国会隐瞒的文件，或者使其辞去职务。但进行弹劾需要严苛且艰辛的程序，可能使发起者连同既定对象遭受同样的打击。

弹劾相当于起诉，需要众议院多数票决。官员可能因“严重罪行和不端行为”遭到弹劾，不过这种措辞太过模糊以致涉及众多罪责。参议院将组织审讯以听取证词，但要定罪并罢免相应人员需要三分之二参议员投票赞成。要求参议院达到绝对多数作为实施弹劾的制动机制有其政治意义：众议院中基于党派的表决不大可能在参议院中形成两党共同认定的有罪判决。

1800年，杰斐逊派共和党人在选举中取胜，取代联邦党人主导白宫和国会，但法院中依然充斥着联邦党法官。众议院中的杰斐逊主义者没有等到他们退休，而是对最难以约束的法官发动弹劾程序。1804年，参议院没能对最高法院法官塞缪尔·蔡斯定罪并免职，这为不得因政治观点弹劾法官开创了先例。国会共和党人同安德鲁·约翰逊总统就南方重建问题陷入斗争期间，众议院在1868年弹劾约翰逊。由于共和党在参议院保持超
104 过三分之二的多数席位，对其定罪似乎十拿九稳，但七位共和党参议员出于对削弱总统职权的担忧而阵前倒戈。约翰逊以一票之差被宣告无罪。参议院对水门丑闻展开调查后，众议院司法委员会于1974年就理查德·尼克松总统的弹劾条款进行投票。由于国会中的支持力量正在削弱，尼克松选择辞职而不是在参议院受审。

1980年代，众议院以伪证、贪污和税务欺诈为由弹劾了三位联邦法官。参议员没有集体听取证言，而是委派特别委员会先权衡证据再传达报告以此简化诉讼程序。参议院随后整体做出最终投票，每一位法官都以悬殊的票差定罪。沃尔特·尼克松作为其中之一以委员会程序不合宪法为由提出起诉。然而，在“尼克松诉合众国案”（1993）中，最高法院裁定参议院是唯一有权根据宪法进行审判的机构并能以参议院认为恰当的方式进行审判。



1998年，众议院共和党人决定弹劾比尔·克林顿总统，理由是他为否认与白宫实习生有染而做出伪证。总统弹劾审判由首席大法官主持（作为参议院议长的副总统可能在定罪后继任总统）。在这场总统审判中，整个参议院都听取了证词，而没有将这项工作委托给某个委员会。众议院针对克林顿的表决在很大程度上以政党为界，这导致众议院领袖们不大可能看到参议院定罪所需的三分之二赞成票。克林顿被宣告无罪，并且作为总

统结束其任期。克林顿弹劾案失利使国会更加谨慎地将弹劾作为政治策略。民意调查显示，尽管总统的行为应受谴责，但公众认为弹劾总统的热情未免过度，而将其免职实乃过头。



正如国会对总统展开调查，司法部则对国会议员中存在的不法行为予以追查。在1980年“阿拉伯骗局”丑闻中，联邦调查局探员以阿拉伯酋长的身份向一些国会议员提供资金，议员则承诺提出私人移民法案。这些交易被拍摄下来，以致一名参议员和五名众议员遭到起诉并定罪。

然而，在长期的对立关系中，立法分支成员享有宪法“发言或辩论”条款（宪法第一条第六款）的保护。这项可以追溯到英国议会与国王之争的条款规定，为避免行政部门干预合法的立法活动，不得因辩论时的言论起诉国会议员，也不得在议员前去参加国会会议途中将其逮捕。但联邦检察官们抱怨道，这一条款使议员们免于犯罪调查。2006年，联邦调查局探员突击搜查众议员威廉姆·杰斐逊（路易斯安那州民主党人）位于国会山的办公室，并没收文件作为指控其贪污受贿的证据。杰斐逊声称突击搜查办公室是对他发言或辩论特权的侵犯，来自共和党的众议院议长与他并肩应对司法部。在“合众国诉雷伯恩众议院办公楼2113室案”（2007）中，联邦法院只准许政府检察官使用其搜集的一部分证据，施加这样的限制条件是为了确保滤掉全部立法资料。2008年，参议员里克·伦齐（亚利桑那州共和党人）因联邦探员窃听到他与其他国会议员的对话而被指控欺诈勒索，当伦齐请求法庭推翻指控时，众议院两党领袖都对其立场予以支持。这些案件引起有关何为“立法活动”的疑问。国会领袖们担心，如果法院削弱这些保护，总统或许会在某天借这

106 种先例寻求政治报复。

尽管受到宪法保护，一些国会议员还是被判有罪。1798年，来自佛蒙特州的美国众议员马修·里昂因在自己主办的报纸上发表批评政府的文章而根据《外侨与煽动叛乱法》被判有罪。他在监狱中服刑至第四个月时，在连任选举中获胜而进入下一任期。一旦上任，通过多数票决被指违反参、众两院规则的议员可能遭到谴责。犯有严重罪行的，可以通过三分之二投票表决予以除名。多数面对除名的议员都在正式投票前选择辞去职务。

## 国会与法院



司法系统在行政分支和立法分支的斗争中扮演仲裁者的角色，有权裁定国会法案和总统行为违宪或违法。尽管国会与联邦法院的关系不如其同总统的关系那样争执迭起，法院还是不时因开展司法审查触怒立法机构。在“马伯里诉麦迪逊案”（1803）中，最高法院首次声称有权宣布国会法案违宪，这在宪法中有所涉及但并不是一项明确的权利。而首席大法官约翰·马歇尔写下的判决废除了《司法条例》的一部分内容。

国会议员们在法院废除其成果时愤怒地抱怨其“司法能动主义”，凭借这一程序，非民选的法官可以通过裁决制定法律。当法院抛出一项法律，国会可以通过修改法律做出反应，从而表示司法关注，剥离法院对该事务的司法权，抑或提出宪法修正案以推翻裁决——比如最高法院以违宪为由驳回所得税后，国会通过了宪法第十六条修正案。从禁止在公立学校中进行祷告到
107 支持妇女堕胎权，最高法院最具争议的这样一些判决促使国会议员提出宪法修正案。然而，过去两个世纪上万项正式提出的

修正案中，仅有33项获得国会通过，并且只有27项得到各州批准。唯有当全国就某一既有问题达成广泛共识时，宪法才会得到修正。

考虑到司法审查，国会会起草委员会报告以概括使某项法律获得通过的意图。法院随后将斟酌全部立法史、委员会报告和听证会以及议场辩论，以此指导法律解释。一些法官更倾向于考量法规条文而不是设法揣测立法者的意图。在“爱德华兹诉阿奎拉德案”（1987）中，大法官安东宁·斯卡利亚戳穿了法院推测立法意图的打算，他列举了可能决定一位立法者如何投票的若干因素：“他可能认为法案将为其选区提供工作岗位，想要与另一场胶着的投票当中曾经疏远的政党集团修复关系，与法案倡议人乃为至交，回馈亏欠过的多数党领袖……在富有的资助人或大量选民信件的压力下投票赞成他所反感的法案，不愿伤害为法案出过力的忠诚雇员的感受，与反对法案的立法者算旧账，在召集投票时酩酊大醉而完全没有意图，意外地投票‘赞成’而非‘反对’，当然或许（而且非常可能）同时具有以上多种动机。”



法院注意到宪法准许两院各自独立运作，通常不介入国会内部事务（宪法第一条第五款）。比如，联邦法官曾驳回民众以违反政教分离为由对国会雇用牧师提出的起诉，理由是宪法准 108
许参、众两院选任各自的官员，而牧师属于选任官员。在“韦斯伯里诉桑德斯案”（1965）这一特例中，最高法院要求所有众议院选区人口大致相当，使较小的农村选区相对于较大的城市选区更具优势的制度宣告终结。这一裁决向城市和郊区选区分配更多众议员，促进了这些地区的选民所关心的问题，如环境保护。

法院判决会影响立法程序，因为国会议员必须就一项或许不会通过司法审查的法案权衡其各项条款，同时须应对不利的裁决调整立法。法院也塑造着行政机构解释和执行法律的方式，并协调总统与国会之间的对抗，如界定总统凭借“行政特权”可以在哪些问题上对国会有所保留。



法院赋予国会界定其宪法权力的广泛自由，特别是利用规制州际贸易的贸易条款确定最低工资和最高工时、制定公共卫生政策并促进种族融合和公民权利。法院也同意国会将一部分权力委托给独立监管委员会，虽然不是委托给行政分支。在“谢克特家禽公司诉合众国案”（1935）即所谓“病鸡”案中，最高法院驳回了作为新政机构的国家复兴管理局，因为管理局授权商业组织规制在售鸡肉质量。法院判定，国会不可将其权力委托给非政府的商业团体，也不可将一个州之内生产并消费的商品作为州际商品加以规制。最高法院还在“移民归化局诉查达案”（1983）中推翻“立法否决”，这一策略允许该部门制定某些规章，除非众议院或参议院予以否决。高等法院裁定这一程序违
109 宪，理由是它允许将立法权不当地委托给行政分支，同时违反两院制原则而允许单一一院否决某项条款。

国会、总统和法院之间持续的斗争体现着麦迪逊所说的以任一分支之野心应对其他分支。任何一个部门在维护自身特权的同时，又设法染指其他部门的特权。制约与平衡这一安排固然杂乱，却既维持着政府原有结构，又允许其继续发展以适应现
110 代国家广泛拓展的各种需求。

第六章

# 国会建筑群

美国国会大厦穹顶高耸，立柱以大理石制成，走廊中的塑像一字排开，游客们或许将其视为美术馆和历史博物馆，而不会意识到它首先是国会所在地。为了容纳大批参议员、众议员、工作人员、记者、游说人员以及满怀好奇的游客，国会建筑群不断扩建成以通道连接起来的众多办公大楼。内战士兵曾在国会外的草坪上操练，示威人群曾在此进行抗议，就职典礼观众也曾蜂拥而至。国会山有时弥漫着集市的味道。这里曾举行教会礼拜、葬礼、拍卖以及戏剧表演，商贩在走廊兜售水果、雪茄、糖果、馅饼、三明治和纪念品，直至1890年议长托马斯·B.里德（缅因州共和党人）禁止小商小贩将雕像大厅作为有利可图的市场。几十年后，国会山依旧可以被描述成“楼宇之中的城市”，这里的建筑群囊括了餐厅、银行、理发店、运动场馆、图书馆、邮局、地铁线路以及独立的电力设施。

参、众两院均坐落于国会山，如同人文学院和工程学院并存于同一所大学校园；它们比邻而建却各自为营。两院以圆形大 111

图11　国会大厦是美国民主制度最易识别的象征

厅地面正中的星形标志为界。参、众两院各据国会大厦一端，即便长期使用者有时也可能在另一侧迷路。对“另一院”的不满的确时不时露出端倪，比如1999年总统弹劾审判期间，众议院领
112 导层就为不得不登上“奥林匹斯山”而怨声载道。

## 国会大厦

当皮埃尔·朗方在1791年为日后的国都勾画蓝图时，他将称为詹金斯山的高地视为“静候不朽丰碑的高台”。为使稚嫩的共和国追溯到罗马源头而改名为国会山①的高地成为美国国会大厦所在地，大厦壮观的穹顶象征着美国民主制度。一位资深众议员督促新议员无论何时前往议会大厅投票都要仰望穹顶。他建议道：“一旦它不再令你起鸡皮疙瘩，转天就去起草辞职信吧。”

国会大厦为人熟知的外观事实上是随时间逐渐形成的，它伴随着国家共同发展。当国会于1800年迁往华盛顿时，仅有方方正正的参议院侧翼完全建成，其间挤进参、众两院和最高法院以及国会图书馆。众议院侧翼于1807年完工，在圆形大厅建成之前通过木质步道连接参议院一侧。1814年8月，英军入侵并纵火焚烧国会大厦，是时国会正在休会。一场夏季风暴挽救了外墙，但烈火损坏了大部分内部建筑。最初的大厦仅残留下一处前厅，其内有一排“玉米芯石柱”，建筑师本杰明·亨利·拉特罗布为这些经典的罗马石柱添加上玉米芯形状的装饰，使其具有了美国特色。

国会大厦在1820年代进行重建，效仿罗马帕特农神庙修建了较低的穹顶。在随后的30年中，西部新州的立法者纷至沓来，使大厦人满为患，要求修建新的侧翼以容纳急剧扩张的议事大厅。新建筑使过去的穹顶不成比例，于是以庞大的铸铁穹顶取



① 国会山（Capitol Hill）的名称源于卡比托利欧山（Capitoline Hill），即古罗马七丘中最高的一处。

而代之。大厦以砂岩、大理石和涂刷为白色的铸铁建成，呼应着
113 美国国玺上的箴言：合众为一（*E Pluribus Unum*）。

国会大厦由当地奴隶修建而成，这些奴隶是从奴隶主那里雇来的。哥伦比亚特区当时还保留着奴隶制，直至1862年国会才予以废除。穹顶上矗立的自由之神铜像由奴隶菲利普·里德铸成，雕像于1863年安装到国会大厦穹顶时，里德也获得了自由。外来石匠和技工也为大厦做出了贡献。这些旧世界的艺术家用新世界的形象装点大厦内部。美洲印第安人令他们痴迷，遂经常出现在国会大厦的艺术画作当中，但奴隶制充满争议以至难以描绘。1862年林肯签署第一份《解放黑人奴隶宣言》后不久，画家伊曼纽尔·洛伊茨在巨幅壁画《通往西部的帝国之路》（*Westward the Course of Empire Takes Its Way*）中描绘了一名黑人开拓者，而在此之前，非洲裔美国人从未出现在国会大厦的艺术作品当中。



内战后数年间，园林设计师弗雷德里克·劳·奥姆斯特德以庄重的景观对国会大厦园地进行美化，由他修建的阶梯平台使国会大厦西侧外观更加威严（这里如今被用作总统就职仪式观礼台）。站在今天的东侧前广场，最初的国会大厦之中的政府机构几乎尽收眼底，其中包括最高法院和国会图书馆。1814年国会大厦遭到焚烧也殃及国会图书馆。国会遂购买前总统托马斯·杰斐逊的私人图书馆作为替代，杰斐逊的兴趣爱好不拘一格，使国会不仅仅拥有了一座法律图书馆。国会图书馆曾位于参、众两院之间，横跨国会大厦西侧前厅，占据其中的三层楼。木质书架即使没有英国人兴风作浪也还是引发了几场大火。受到1850年代安装的防火铸铁书架的启发，体积比最初扩大三倍

的新穹顶也采用铸铁建成。这种轻型材料使旧有的墙体得以撑起体积更大的穹顶。

国会大厦的外观如同一座罗马神殿，而19世纪意大利画家 114
康斯坦丁诺·布伦米迪明快的室内壁画使其宛如意大利教堂。遭受政治流放的布伦米迪于1855年为国会大厦带来他在梵蒂冈学到的壁画绘制风格。负责扩建国会大厦的军事工程师蒙哥马利·C.梅格斯最初心怀疑虑，却终为布伦米迪灵巧的绘画和生动的着色倾倒，它们在石膏和油漆风干后保留了下来。布伦米迪获得了在圆形大厅穹顶以及众多委员会室和大厅绘画的合同。他主要在参议院一侧作画，因为众议院认为天花板作画是反民主之举。1970年代，众议院的态度有所缓和，当时艺术家阿林·考克斯从美国历史中选取题材装饰众议院多处大厅。



参、众两院议事大厅是供议员们辩论、投票的地方，他们云集于此交流沟通，这些大厅并不华丽，却庄重高贵。议事大厅经常只有寥寥几位议员出席，但无论何时举行投票，议员们都会接踵而至，享受由繁忙日程中抽身而在喧闹声中驻足相谈的难得机会。这些亲切随意的插曲被比作“没有鸡尾酒的鸡尾酒会”。他们济济一堂，分享见闻并互诉轶事，同时也在打量彼此的兴趣和个性，达成各类协议或制定各种策略。

参、众两院曾各自占据国会大厦中的若干议事大厅。1800年，参议院在其一侧底层一间面积较大的房间开会，众议院则挤在最终被一位参议院领袖占据的几处房间中。门外的铜匾记录着众议院占用这些房间时的首要任务：众议员们不得不在选举人团票数不分胜负的托马斯·杰斐逊和阿龙·伯尔中确定总统人选。1807年，众议院迁入本院的议事大厅，这间气派的大厅如

今称为雕像大厅，启用之时曾是全美最大的公共空间。众议院在1857年前一直在此开会，在此期间众议员从142名增加到237
115 名。参议院一侧在同一时期经历重新改造，参议院迁到位于二楼的新议会大厅，底层原有空间交予最高法院使用。

参议院旧有的议事大厅在1810年时最初供34名参议员使用，1859年参议院搬离这一大厅时议员人数已经翻倍。同年1月，参议员迁入当今的议事大厅。日后的北部联邦和南部邦联领袖在当时并肩而行，其中包括杰斐逊・戴维斯、亚伯拉罕・林肯的两位副总统以及内战时对立双方的内阁和军方成员。一行人中走在最前面的是副总统约翰・C.布雷肯里奇，他是玛丽・托德・林肯的表亲。布雷肯里奇随后成为南方邦联军官，并于1864年领导了对华盛顿的突袭。布雷肯里奇及其邦联军队被联邦军队击退前，已经前进到足以看到国会大厦全部穹顶的地方。



众议院议事大厅糟糕的音响效果使人们很难听清发言人的声音——许多步入其间的优秀的演说者，连同悲痛哀叹的议员们，他们的话语再也无法听闻。相反，参议院旧有议事大厅如同剧场一样完备的音响效果为内战前三十年参议院“辩论的黄金时代”增光添彩，是时韦伯斯特、克莱以及卡尔霍恩曾侃侃而谈。然而，崭新、宽敞的参议院议事大厅的音响再也没有如此清晰，辩论的质量也受到影响。玻璃天花使光线得以透入，却吸收掉声响。对辩论进行报道的记者们不得不在议事大厅中来回奔跑才能听到一场辩论的正反双方。1950年以石膏天花取代玻璃天花并没有使音响效果得到明显改善，至1971年最终安装扩音器后，参议员们的声音才得以听清。众议院议事大厅同样经历了改造，议员们在大厅前端低层下沉的发言席发言时会使用扩音设备。

任何一处议事大厅都不允许参观者倚靠在楼厅上，这一禁令可以追溯到1916年12月，当时几位倡导妇女选举权的激进人 116
士从众议院议事大厅的楼厅上抛下写有“总统先生，你要怎样解决妇女选举权问题？”的横幅，打断了伍德罗·威尔逊的国情咨文演讲。其他示威者也曾将国会大厦作为标志性背景。环境保护主义者曾向国会大厦庭院倾倒成吨煤炭，农夫们曾在草坪上放羊，一个试图保护濒危野生动物的团体更是将一头猎豹带到国会听证会上。国会自身也会参与具有象征意义的活动。废除婚姻税罚金的法案得以通过之后，共和党人曾让一对新人携法案进入白宫，而民主党人在那之后曾将一份能源法案放在一辆节能高效的混合动力汽车中呈递给总统。



参、众两院旁听席向参观者开放，而技术拓展了全国和全球范围的听众群体。国会大厦于1923年开始进行对外广播，电视在1947年得到采用。然而，议场议程始终受到限制，直至参、众两院分别在1986年和1979年允许对其进行电视播放。一些议员曾后悔允许电视摄像机进入，他们抱怨电视加剧了党派偏见和冲突对立，原因在于议员们如今觉得他们不得不就每项事务发表看法并回答每一项质询。

起初，任何人都可以在当天开会前于参、众两院议场逗留。一位参议员曾抱怨道，他不得不以手肘挡开人群挤向自己的位子，随后却发现已经有人坐在那里。尽管参议员们不愿做出任何得罪选民的事情，最终却还是禁止参观者入内，只有记者例外。记者们只能在当日会议前进入参议院议场听取领导层就当天日程进行的简要介绍（在众议院，相似的简要通报在议长办公室中举行）。这一沿用棒球赛赛前广播所用名称称为“休息室

谈话”的特权也曾被取消，直至连工作人员都需要获得特别批准
117 才可以进入议场。进入议场的唯一其他方式就是当选议员。

## 国会议员

国会山对国会议员和其他人员区别对待。标识声明，电梯和休息室仅限议员或仅限参议员使用。餐厅和停车场会为议员们预留位置。确立这样的制度是为了帮助当选者开展工作。每次选举后，国会大厦的警员、电梯操作员以及其他工作人员都会收到照片提示卡，帮助他们识别新议员，而全体人员都会不厌其烦地提供协助。曾有一位前往国会大厦投票的新任众议员在路边等待绿灯，却没有意识到警察正在为投票中的议员阻拦车辆。这位警官解释道：“您可以畅行无阻。”



国会是国家的写照，尽管并非完全对应。议员队伍诚然也吸引到医生、牧师、军官和警察、记者、运动员、农场主以及一些蓝领工人，但律师和企业家的数量总是占到更大的比例。在历史上相当长的一段时期内，国会都以白人和男性为主导。妇女和少数族裔在参、众两院中的人数不断增加，但依然不及所占全国人口比例。宗教信仰已经更加多元化，新教徒依然是人数最多的群体，但相对于不断增加的天主教徒和犹太教徒，其比例却在缩减。2007年，首位穆斯林被选入众议院，佛教徒在2008年第一次被选入众议院。多数议员在进入国会前都曾担任公职。众议员通常在州或地方政府供职，而半数参议员都曾在众议院效力。国会工作人员的职位已经成为跳板，越来越多的工作人员都在竞争雇主留下的空缺职位。

宪法最初规定新一届国会于12月第一个星期一召开，也就

是选举结束后13个月（宪法第一条第四款）。当时的会期一般 118
会从12月一直延续到春季。1933年，第二十条修正案将开会日期推迟到1月3日，但即便在这一时期，国会依然只开会半年。议员们会携家眷共赴华盛顿，休会后会整理行囊回家待上半年。他们的孩子会返回本地学校，议员们会重拾律师工作或其他商业活动。伴随国会会期延长至一年，更加严格的道德规范也对议员们在其公职之外可以做的工作加以约束。成家不久的议员们催促领导层提前宣布休假时间表，1971年，国会通过一项法律，规定在8月期间提供年度休假机会（在立法事务需要额外时间的情况下可以推迟）。参、众两院将放假时间安排在全国性假期和宗教纪念活动前后，允许议员与家人和选民共度这段时间。他们也可以作为国会代表团（congressional delegations）成员，也就是所谓CODELs前往海外。这些实地考察使议员们得以了解世界各地的问题和领导人，但也使他们被指责由纳税人付费“公费旅游”。



国会议员们表示，他们的工作当中最难以忍受的部分是充当“他人日程的俘虏”。工作人员会为他们备好日程，其中插入15分钟的超出时间，并提前安排好听证会、会议以及拍照活动；但召集他们前往议事大厅投票的铃声可能随时响起，打断他们正在做的其他任何事情。参议员保罗·拉克索尔特（内华达州共和党人）在退休后评论道，他最想做的是“悠闲地吃午餐，在正常的时间回家吃晚饭，不需要被迫‘跑到’参议院议场投票，‘日程卡’上不会写满从清晨直至深夜的预约安排”。

定期返回所在各州意味着议员们的大量时间都会在飞机上
度过。国会散会时，可以看到议员们背着西装袋冲过华盛顿各 119

机场大厅。工作日被压缩到周二至周四，在此之前相对平静的日子中，众议员们设法遵循一条规则，即政治对手在下午五点之后可以是朋友，而无须考虑政党。众议员吉恩·斯奈德（肯塔基州共和党人）曾趁着“欢乐时间”争取对其选区一处公路桥的支持。斯奈德通常在晚间同属于民主党的议长蒂普·奥尼尔打牌，据他回忆，议长在一局结束后把脚放到斯奈德的桌子上说道：“吉恩，你的桥没问题了。”

随着工作周的缩短，加上更多国会议员的家人待在本州，议员们在业余时间进行交际的机会也已减少——仅剩祈祷早餐会、运动场锻炼时间或偶有的高尔夫球赛。即便政党打算“就当日各项事务打赌”而举行的每周例行午餐会，其社交性也在降低，党派性却在加强。众议院中职责较少的年轻议员会前往众议院体育馆的篮球场，那些去议场投票前匆忙冲凉的议员会被贴上“湿头”的标签。参议院提供了一处健身俱乐部，其内配有健身器材和蒸汽浴室。



这些设施曾经仅为男性保留。比如，众议院运动场馆建设之时只有一处男更衣室，但1965年警卫官错将落成仪式邀请发送给所有当选众议员。当女议员身着运动装出席时，男议员们却不愿为她们留出空间。自从1917年起，妇女便已入选国会，但国会妇女事务党团直至1977年才建立起来。最初只有15名成员。1973年进入众议院的帕特里夏·施罗德（科罗拉多州民主党人）发现，直至一些资深女性议员退休时，新一代才组建起女性党团（相比于被当作议员来对待，老一代对于被作为女性加以
120 对待很是敏感）。

伴随更多女性赢得选举进入国会并由女性担任国会工作人

员，着装规则也已发生变化。曾有一位大胆的众议院门卫提醒众议员贝拉·艾布札格（纽约州民主党人），规则不允许她在众议院议事大厅佩戴具有她个人特色的宽边礼帽。规则并没有明确禁止女性穿着便裤或套装，但男性曾看不惯这种装扮。参议院议事大厅女性工作人员曾对周六的会议翘首以盼，在此期间男性倾向于以更为随意的装束出席，她们向同时出席的女参议员寻求支持，在约定的某个周六全部身着便裤。此举没有遭到异议，从此之后，穿套装还是裙装便成为个人选择。

国会黑人党团创建于1971年，其成员在随后的30年中增加了三倍，其中一些成员继而获得政党领导层职位并担任众议院一些重要委员会的主席。参议院选举在各州举行，选举产生的少数族裔参议员为数甚少。一些州曾重新划分选区以使众议院具有更强的种族和族裔多样性，重新划分的选区边界提升了西班牙裔和非洲裔候选人的机会。



担任有权有势的众议院规则委员会主席的查尔斯·兰格尔（纽约州民主党人）曾经指出，许多非洲裔美国人占压倒优势的选区事实上具有“非竞争性”，这催生了一些稳定的议席，使少数族裔议员得以积累资历并获得委员会主席资格。同样的动因曾在很多方面使南方白人得以主导众议院并阻碍民权立法的通过。当这些南方人退休或改换党派时，便为少数族裔参选敞开了大门。1965年《选举权法》通过鼓励各州将黑人选民集中到黑人数量超过65%“绝对多数”选区而加速了这种趋势。许多南方共和党人支持这种变化，原因在于民主党选票集中在这些非洲裔美国人选区，导致国会中南方民主党议席的实际损失。121
然而，在随后的几年中，一些黑人选区的西班牙裔人口不断增长，这使它们不再缺乏竞争。

国会黑人党团的许多中坚成员都是从民权运动中涌现出来的，他们在其中带领人们与根深蒂固的政治权势集团作斗争。他们曾争取平等权利，反对美国支持南非的种族隔离政权，并将这些斗争带到国会，但他们认识到，为了使法案获得通过，他们需要通过妥协来收敛激进作风。成为众议院军事委员会主席的反战活动家罗恩·德勒姆斯（加利福尼亚州民主党人）评论道："如果你在众议院待上足够长的时间，你就会了解它的规则和传统，并且最终会明白，始终作为局外人是无法促进任何一项信条的。我的选民如同其他所有选民一样将我送到华盛顿制定法律。我必须尽我所能回馈他们。"



## 工作人员

新任国会议员的首要任务是雇用工作人员并设立办公室。一些议员会引进家乡的竞选班子；其他议员则设法雇用那些已经在华盛顿取得经验的人们。无论以何种方式，议员的工作班子中大都是具有政治头脑的年轻人，他们在立法分支升任要职的速度恐怕会超过在几乎任何其他地方。他们最初可能担任实习生、随从或国会研究人员，又或者直接从大学接受国会的工作。他们被要求长时间工作，但薪水很低，几年后可能因精疲力竭而转行。幸运的人将加入委员会工作班子，由此得以精通某项事务、获得更高的收入且不受选举结果的影响。他们通常默默无闻，不辞辛劳地推进雇主优先考虑的事务。一名20多岁的工作人员曾说：
122 "国会山始终持续运转，作为年轻的工作人员，你也不能停下来。"

历史上很长一段时间，国会曾依靠行政分支的一些部门形成资料并撰写立法和报告草案。然而，随着20世纪行政和立法分支之间的关系愈加紧张，国会试图寻求更加独立的资料来源和援助渠道。进步时期，国会于1914年在国会图书馆设立立法咨询服务部，随后拓展为国会研究处，该部门提供政治立场中立的问题简介，并向议员和委员会借调工作人员以对提供支持的网络进行巩固。立法分支的其他机构还包括为国会从行政分支取得的预算信息提供现状核实的国会预算办公室，以及调查行政分支执法情况及国会拨款支出情况的政府问责署（前身为审计总署）。立法分支的另一个组成部分是出版《国会记录》及大量其他政府出版物的政府印务局。

1946年《立法机构重组法》为委员会设立了第一批专业人员班子，同时允许议员扩大私人雇员队伍。每位议员可以雇用一名行政助理管理工作班子，并可雇用若干立法助理处理特定领域的立法事务，由他们研究、起草并追踪法案以使议员保持对法案的了解。议员也向其效力的委员会指派工作人员，派他们出席议员可能错过的会议，与其他工作人员商议修正案，或就即将进行的投票向议员提供建议。这些工作人员被称为“非选举的立法者”和“实际参议员”。泰德·肯尼迪在其47年的参议员生涯行将结束之际评论道，法案起草和商议过程中“95%的实际工作”都在由工作班子完成。但一纸选举证书还是将他们与能量巨大且权力在握之人区别开来。 123



议员与其工作人员之间的关系因个人风格而异，折射着这项工作的日常压力以及最初使他们得以入选的进取心。一些立法者受到忠诚的工作人员的爱戴；其他一些则令人畏惧。一些议员可以长期留住一批工作人员，其他议员却在经历人员的持续变动。林登·约翰逊（得克萨斯州民主党人）以压迫工作人员闻名，他可能会当众羞辱为他工作的人，但依旧设法保持他们的忠诚度，关键在于他时常如逼迫他们一样竭力逼迫自己。参、众两院议员在他们认为恰当的范围内支出他们收到的办公经费。他们可能以较高的薪水雇用较少的助手以保持稳定性，也可能以较少的报酬雇用规模较大的工作班子。年轻的工作人员接受这些苛刻的工作为的是获得几年国会工作经验，将其作为争取政府内外高薪职位的跳板。

日积月累的立法工作量以及潮水般涌入的选民信件，都导致国会工作人员数量与日俱增。参、众两院分别在1909年和1908年启用国会大厦北侧及南侧的第一处办公楼。办公楼为越来越多的公开听证会和工作人员提供了空间，也为议员与选民见面提供了更多的机会。第一处众议院办公楼建成后以议长约瑟夫·坎农的名字命名，设计上沿用古典风格，与国会大厦相得益彰。这处办公楼由通道连接国会大厦，最初有397间办公室，议员人均一间，另有14间委员会室。第二处众议院办公楼建成于1933年，以议长尼古拉斯·朗沃斯（俄亥俄州共和党人）的名字命名，于1965年启用的第三处办公楼以议长山姆·雷伯恩的名字命名，为每位议员日益扩充的工作班子提供了办公套间。

第一处参议院办公楼（以窘困的缩写名称SOB[1]为人熟知）采用众议院办公楼的外观设计，稍晚以理查德·拉塞尔的名字命名，因容纳较少的议员，室内更显宽敞典雅。众议院办公室采用的木质墙板在参议院办公室中改为大理石，栏杆由铁质改为

① 意为“抽泣、哭诉”。

铜质，饰面薄板换成了实心红木。参议院办公室最初由两个房间组成，一间供议员使用，另一间供工作人员使用。第二处参议院办公楼于1958年建成，以参议员埃弗里特·M.德克森（伊利诺伊州共和党人）命名，第三处建于1983年，以参议员菲利普·哈特（密歇根州民主党人）命名。在每一处增建的办公楼中，分配给每位参议员的房间数量都在急剧增加。如今一处典型的办公室连接起来的空间，曾经能容纳六名参议员及其工作人员。

参、众两院办公楼位于国会大厦对面，曾需要议员不断从办公室前往议事大厅投票再原路返回。1890年代，国会大厦在托马斯·爱迪生的监理下完成供电布线，并安装了召集议员投票的电铃。1912年，参议院在其办公楼和国会大厦之间铺设了第一批地下轨道电车[①]作为水平运输工具。如同学校课间换教室，标志投票的长铃声催促参议员由办公室和委员会室迅速拥入电车。参议员诺里斯·科顿（新罕布什尔州共和党人）曾津津有味地讲述一名新任侍从陪同一位老妇人进入旁听席的故事。她想要知道为何许多电铃一直在响。侍从答道："我不大确定……也许是有人逃跑了。"

## 游说人员和其他访问者

除议员和工作人员之外，定期前往国会山的其他人员还包括游说人员和新闻记者。"游说人员"一词——因办公室高度集中在K街，有时也称为"K街游说人员"——已经与特殊利益集团和令人生疑的秘密交易密不可分，但游说人员乃立法程序的

① 采用吊轨、装有藤椅的单轨地下电车。

合法组成部分。立法者们在19世纪这个人们手持火把参加游行及选举竞争紧张激烈的年代，很大程度上从他们所属的政党当中获取讯息。选民投票率在1896年达到顶峰，但从20世纪起持
125 续减少，是时民众开始结为私人利益集团以寻求更为直接的方式向立法者施加影响。这些团体向立法者们提供信息，立法者则依靠这些信息起草法律或竞选连任。

游说人员或许曾经担任立法者或国会工作人员，他们因此了解国会，可以就特定问题提供专业意见。他们可能代表公司、工会、地方政府、大学、教师、医院、老兵、农场主、牧场主、石油和天然气生产商、消费者或不计其数的其他群体。其中一些相比于其他游说人员资金来源更为充裕，但他们都在筹集竞选经费供议员竞选连任中扮演日益重要的角色，这反过来增强了他们对立法者和立法进程的影响。众议员罗曼·马佐利（肯塔基州民主党人）曾指出，提供资金的人能得到议员和工作人员的关注，这是亘古不变的真理。“他们有渠道，而渠道就是一切。渠道就是权力。渠道就是影响力。”



游说人员有种“铁三角”理论，即当三重因素都在发挥作用时，立法获得成功的机会最大：相关委员会的主席站在他们一边；相关行政机构中有高级别官员关注该项事务的立法及其实施；拥有可以从国会以外为该项事务动员起来的一批强有力的选民。游说人员也会向议员和工作人员提供详细的背景信息，他们与正在制定法律的这一领域的领袖们建立联系，以使国会及时了解游说人员所谓的“经济和政治现实”。

每年用于华盛顿游说活动的经费已经达到数十亿美元，游说人员的数量也已经增加到数千名。2006年，围绕杰克·阿布

拉莫夫的游说丑闻遭到曝光，他所代表的印第安部落急于阻止国会向印第安赌场营业收入征税。阿布拉莫夫拉拢国会和政府要员，为他们前往苏格兰打高尔夫球支付旅费，以体育赛事豪华 126
包厢款待他们，并为他们参加竞选注入资金，以此换取他们的立法支持。他向客户收取高额费用，用以支付他与高层人士的接触。政府进行了调查，阿布拉莫夫承认犯有欺诈及逃税罪。同他有联系的几位议员失去竞选资格，国会也立即对游说人员的合法活动做出严格限制。

议员们坚持认为，最能起到实际作用的游说人员是“身在家乡的那一部分”。几乎没有哪些事务是足够强硬地向国会提出的，以致民众不大会就某一观点踊跃发声，而民意调查专家表示，风平浪静是难以测到风向的。如果公众看起来漠不关心，游说人员将设法掀起基层运动，立法者们却因这种“人造草根”游说活动的人为特征而对其不屑一顾。议员们意识到，游说人员乃“雇佣枪手”，他们收取报酬，通过精心策划公共宣传并同国会议员碰面来支持或反对某项事务。但为了构建可行的公共政策，他们必须同国会之外的群体和利益集团合作。通过游说人员听取各种群体意见，有助于那些起草法律的人们了解可能发生的后果，并调整法案以避免灾难。



一些国会议员通过“与华盛顿唱反调”竞选连任，但他们当中大量议员在退休时还是留了下来，这种情况被归因于“波托马克热”[①]。许多议员成年时的大部分时间都待在首都，他们习得

① “波托马克热”一词源于波托马克河，这条美国中东部地区的重要河流流经首都华盛顿，“波托马克”因此被用来指代华盛顿或美国政府，“波托马克热”则用以形容热衷于权力和名望。

的知识技能在这里比在家乡更能有效发挥作用。据一项研究统计，1998—2004年，全部退休国会议员中有43%与他们的高级工作人员一样参与到游说活动中。道德改革禁止他们在离任后两年内游说国会，但他们将这段强制的冷静期用来提供咨询而非进行任何直接游说。游说披露法规也要求，为影响立法而联系国会议员之人须就其雇主、报酬及做出的贡献向政府官员提交
127 一份公开报告。

成为游说人员的前议员享有同国会老友之间的开放政策，尽管他们也发现国会中的朋友会收取竞选献金。正如一位国防游说人员的解释，这样的献金被视为一种投资，用来“以非正式的方式”将更多时间用于顾客的代表身上。有鉴于此，游说团体会为议员连任竞选组织筹款活动。游说人员时常试图使议员帮助他们为家乡的项目争取专项拨款，而议员随后可以在连任竞选期间将这类项目作为政绩，这对于在任者而言则是锦上添花。



游说人员当中包括政府机构和军事部门的一些联络人员。他们引导要员跨越国会的重重障碍，协助他们准备证言并为他们无法回答的问题收集信息以做出回应。军队联络人员负责回答国会议员发送给他们的成千上万的选民询问，通常涉及调任、奖励及薪资问题。联络官会陪同议员参与实地调查任务，甚至随同他们深入战区。他们最重要的工作是维护同国会之间的良好关系，从而使他们的所属部门持续获得足够的拨款。

其他一些以国会身份徽章为傲的人还包括在记者席外工作的大批记者、播音员及摄影师。他们的身份证明使他们得以聚集在走廊上采访从会场上走出来或前往议事大厅投票的议员。一些记者常驻国会大厦，在这里形成对国会运转方式的深刻认

识，但他们需要培养固定的信息来源，这有时会损害他们对信息源秉笔直书的能力。其他一些记者只在某些新闻得到披露之际前往国会山，他们因此可以更加独立，但对于这一机构的把握却可能相对薄弱。渴望正面报道的参、众两院议员会雇用经验丰 128
富的记者担任媒体秘书，这有助于促进同记者团的关系。国会议员们会消费大量纸质或广播报道，包括三份分发给所有国会办公室的私人出版的专业性报纸：《点名报》（*Roll Call*）、《国会山报》（*The Hill*）以及《政治报》（*Politico*）。议员及其工作人员也会密切关注问题导向的《国会日报》（*Congress Daily*）和《国家杂志》（*National Journal*）。

研究人员是国会山群体的另一个组成部分。美国政治学学会从1953年开启一项年度国会研究项目，将政治学者、记者、博士学位获得者及国外学者送往参、众两院办公室，使他们作为国会工作人员亲身了解立法程序。美国政治学学会最为杰出的成员迪克·切尼曾于1968年作为研究人员来到华盛顿。他与众议员唐纳德·拉姆斯菲尔德（伊利诺伊州共和党人）建立起联络，后者帮助他在七年时间内迅速升任白宫幕僚长。切尼继而担任众议员、国防部长和美国副总统，但他再未返回威斯康星大学取得博士学位。国会黑人党团发起的一项奖励计划旨在促进国会雇用更多非洲裔美国人担任工作人员。妇女研究与教育学会向作为国会工作人员参与妇女相关政策事务的男性和女性研究人员提供资助。科学家和工程师可以向美国科学促进会争取奖金，在决策过程中提供科学领域的专业知识。美国心理学会招募研究人员推动政府更加有效地利用心理学知识。大学教员也利用学术休假担任国会研究人员，他们起草法案，卷入立法和政

129 治浪潮，最终作为有影响的工作人员在国会山常驻数十载。

一些学者也会参与国会竞选。戴维·普莱斯（北卡罗来纳州民主党人）曾在杜克大学担任过20年政治学教授并撰写了几部有关国会的著作，随后通过竞选获得众议院议席（他的电视广告以教室为背景拍摄特写）。在他看来，长年教学工作及国会山暑期实习帮助他为这项工作不寻常的要求做好了准备。普莱斯被任命到适合他的委员会，但他已经对国会诸多委员会做过研究并撰写相关著作，积累之久足以使他将目光投向拨款委员会，该委员会掌握资金，使其“权力远超任何其他委员会”。参议院的杰出学者丹尼尔·帕特里克·莫伊尼汉（纽约州民主党人）曾获得社会学博士学位，他在担任三届参议员并任金融委员会主席前，曾主持哈佛大学和麻省理工学院联合城市研究中心。



除此之外，每天还有来自全国和全球各地的大量参观者。美国公民一生中平均两次参观美国国会，一次在孩提时与家人或班级同行，另一次作为父母带家人前来。直至1970年代，美国公民仍可以在国会会期任何时间随意进入国会大厦并徜徉其间而几乎不受任何限制。1971和1983年激进组织在国会大厦安放炸弹，1998年一名患有精神分裂症的持枪者射杀两名国会警察，连同2001年的恐怖威胁，都在相当程度上使安保得到强化，所有入口都安装了金属探测器，没有携带政府徽章的人不得进入大楼的某些部门。但相比于多数其他政府机构，国会大厦对于公众的开放程度始终更高。参观者是受到欢迎的，因为他们是选民和投票人。阳光规则要求委员会听证会向公众开放，议员办公室会向选民提供参、众两院旁听席的免费入场券。截至
130 20世纪末，每年有超过300万民众参观国会大厦。

为管理人流，东侧前广场地下修建了庞大的国会游客中心。其间的解放大厅中矗立着19英尺高的自由女神铜像石膏模型。等待游览国会大厦的访客可以参观参、众两院及国会大厦历史博物馆并观看介绍影片。透过天窗，他们可以仰望到美国代议民主制度最为显著的标志——国会大厦穹顶。

《华盛顿邮报》的一篇社论在2008年游客中心启用时称“国会并不完美”。“535名议员对于勇气的全面展示不如我们所希望的那样频繁。但他们慷慨资助的建筑群的确向历史成就表达了敬意，这些成就的影响传播到了国会山以外很远的地方。”展示勇气这一观念时常涉及挑战公共舆论，这一特征使菲利普·哈特（密歇根州民主党人）被公认为“参议院的良心”。哈特在其所在州枪支持有者和猎手占有很大比例的情况下支持更为严格的手枪立法，并在反垄断问题上挑战密歇根的主导产业——汽车制造业。然而国会的一个根本矛盾在于，议员被选举出来是为了推动其选民所关心的问题，而一旦他们如此行事，却可能被批评为地方保护主义。但当他们站在公众舆论的对立面时，便会有失去议席的风险。从个人角度出发，他们关心连选连任及其选区和所在州的利益；从集体角度出发，他们必须将本地关注的那些问题融入国家立法当中，为公共利益寻求共同基础，进而实现“合众为一”这句箴言。 131

# 索 引

（条目后的数字为原书页码，见本书边码）

## A



## B



## C

## D



## E

## F



## G



## H

## I



## J



## K



## L

## M



## N

## O



## P

## Q



## R



## S

## T



## U



## V

## W

Donald A. Ritchie

# THE U.S. CONGRESS

## A Very Short Introduction

# Acknowledgments

While I view Congress from the Senate side of the Capitol, I have benefited from the thoughtful observations of two specialists on the House, Kenneth Kato of the Center for Legislative Archives at the National Archives, and Matthew Wasniewski of the House Office of History and Preservation, and only wish that there had been space to incorporate all of their suggestions. Rodney Joseph, a friend and fellow historian, provided a fresh perspective from away from Capitol Hill. Nancy Toff is an astute editor whose advice has long guided my thinking and sharpened my prose. At home, my wife, Anne Ritchie, has been my steady source of encouragement and good counsel. I have dedicated this book to all of my colleagues in the Senate Historical Office, each of whom has helped make the job such a positive learning experience.

# Contents

# List of illustrations

# Preface

Taking its name from the Latin for "coming together," Congress is the place where elected officials from all parts of the United States converge to govern. That coming together can be heard in the many regional accents of its members in debate, their constant references to their home states, and their efforts to protect and promote constituent views and interests in the legislation they enact.

But Congress really does not exist as an institution. The term encompasses both the Senate and the House of Representatives, each operating under different rules and in different atmospheres. Each has its own leadership and its own side of the Capitol Building, where the room numbers are prefixed with either H- or S-. The House and Senate must each pass bills in precisely the same language to send them to the president, and each needs a two-thirds vote to override a veto. They meet jointly to hear the president's State of the Union message, and they hold conference committees to work out differences in the bills they have passed, but otherwise each has little to do with the "other body."

Representatives are also called congressmen and congresswomen, while senators are always senators, but it is misleading to refer to the House alone as Congress, and there is no "Speaker of Congress." When the Constitution says that "Congress shall have power to…" or "Congress may by law…" or "the consent of Congress," it gives that power and responsibility jointly to the House and Senate. Neither body can make a law or appropriate funds on its own.

The term Congress also refers to the legislative sessions conducted during the two years between congressional elections. A Congress is generally divided into two sessions, one each year (occasional emergencies have required a third session of a Congress). Under the Twentieth Amendment to the Constitution, since 1934 sessions of Congress begin on January 3, although the date may vary according to legislative needs. This very short introduction, like all studies of the national legislature, uses "Congress" to identify the two houses together, while regularly drawing distinctions between the rules, powers, and personalities of the House and Senate. Although I have spent my whole professional career on Capitol Hill, I intend the book to be neither a defense nor an apology, but an analysis of how Congress works, how it has changed, and how it relates to the voters, the states, and the other branches of the federal government.



The book highlights, in condensed form, the precedents and practices of the House and Senate, examines how their committees handle legislative business, and observes how their floor proceedings operate to produce laws. It weighs the competition between the legislative branch and the executive and judiciary. The Constitution did not so much divide power between these branches as it forced them to share it, each wanting a larger share. In this struggle, the House and Senate have retained their original constitutional construction and powers while contending with an executive that has grown exponentially in size, influence, and power. Any understanding of Congress will also require a look at how members get elected, what it takes to get reelected, and the nature of representation. Finally, the Capitol provides such an imposing physical setting for Congress, and houses so diverse a cast of characters, that this survey will conclude with a group portrait—a snapshot really—of Capitol Hill.

Based on political history and political science, this book is essentially a tour of Capitol Hill that along the way will point out many of the players, the reasons behind their legislative behavior, the meaning of their parliamentary language, and the evolution of their practices. A good tour should be entertaining as well as educational, incorporating humor and irony without resorting to cynicism. And like any tour, there will not be opportunity to see everything, so it will focus on a few examples, processes, events, and locations, allude to others, and recommend sources for more detail.

# Chapter 1
# The great compromise

Appropriately, Congress began with a compromise. Meeting in Philadelphia in 1787, the constitutional convention crafted a federal government divided into legislative, executive, and judicial branches, and further divided Congress into two houses, believing that a separation of powers would serve as a check against potential tyranny, including the tyranny of a political majority. "Ambition must be made to counteract ambition," James Madison reasoned, anticipating that each branch would guard its own prerogatives jealously, preventing an undue concentration of power. But a standoff developed over the issue of representation in the legislature. Delegates from the larger states wanted both houses of the Congress to reflect the size of a state's population: more people deserved more representation. The smaller states refused to accept any government in which they were not equal to the larger ones.

At this impasse, the convention recessed for the July 4 celebration and appointed a committee to find a solution. The committee split the difference in the "Great Compromise," which set proportional representation in the House of Representatives and equality of the states in the Senate. State delegations in the House would vary in size, while every state would have two senators (Article I, sections 2 and 3). No state could lose its equal standing in the Senate without its consent, which none would ever give. There remained other issues to settle, most significantly how to count enslaved African Americans for purposes of representation and taxation, but without the Great Compromise the rest of the Constitution would have been moot.

What kind of legislative bodies did the Great Compromise create? After the 2000 election, California, the largest state with 35 million residents, sent fifty-three members to the House. The half-million residents of Wyoming, by contrast, rate only a single representative, yet Wyoming and California both elect two senators. This lopsided equation gives states with small populations a big advantage in the Senate. The ten states containing half the people in the United States are represented by 236 of the 435 members to the House, but only twenty senators. The forty states with the other half of the population have eighty senators.



The Constitution set a minimum of thirty thousand inhabitants in each congressional district, but no maximum. After each census, every ten years, the House is reapportioned to reflect changes in population. Beginning with 65 members, it grew steadily until it reached 435 after the 1910 census. The House chamber became so crowded that the members' desks had to be replaced with theater seating. Concerned that anything larger would make the legislative process unwieldy, Congress capped House membership at 435. After every census, some states would then gain seats and others lose them. For years, rural districts fought to prevent losing representatives, which resulted in a great disparity in district size. The longtime House Speaker Sam Rayburn (D-Texas), for instance, had only a third as many people in his rural district as did the representative from Dallas. Not until 1964 did the Supreme Court apply a "one person, one vote" standard to House reapportionment, requiring districts with equal numbers of inhabitants.

Each house of Congress can write its own rules, and the two bodies have evolved differently to accommodate their dissimilar representation. Since the late nineteenth century, the larger House has adopted rules that allowed the majority party to prevail, so long as its members hold together when they vote. The Senate's rules gave greater voice to the minority, whether the minority party, a faction of the majority party, or even a single senator. The House grew hierarchical, while the Senate became a body of equals. Despite their vast differences, however, no bill can become law until both houses pass it with exactly the same wording, down to the last semicolon.

## Why not a parliament?

Some of the ideas discarded at the constitutional convention might have created a legislative branch closer to a parliament, where the prime minister and cabinet secretaries are members of the legislature. Congress might have elected presidents and might have been able to remove them for "maladministration," provisions that could have turned the presidency into something closer to a prime minister, with tenure dependent on retaining the majority in Congress. There were even suggestions that senators serve for life, at no pay, making the Senate a House of Lords, with the House of Representatives as the House of Commons.



Nevertheless, Congress did follow the British Parliament's bicameral model. For more than a century, colonial legislatures had generally been divided between an upper house, or governor's council, and a popularly elected assembly. During the American Revolution, some of the states abolished their upper houses, regarding single-body legislatures as more egalitarian. The Continental Congress and the Congress under the Articles of Confederation were also single bodies. Property holders, however, worried that unchecked democratic legislatures would turn confiscatory, and that way of thinking added extra layers to the Constitution. Whereas representatives would be directly elected by people, senators initially would be elected by the state legislatures, and the Electoral College would choose the president, forming a mixed government to prevent an "excess of democracy."

The U.S. government distinctly differs from parliamentary democracies. Neither the president nor the cabinet secretaries sit in Congress, and no member of any branch can serve simultaneously in another (except for the vice president, whom the Constitution installed as president of the Senate to keep him occupied until and unless he was needed to fill a vacancy in the presidency). Unlike prime ministers, American presidents do not lose office if their party's majority falls in the next congressional elections. So presidents have frequently had to contend with congressional majorities led by the opposition.

The BBC correspondent Alistair Cooke observed that British ambassadors to the United States were invariably puzzled about why there was no "question period" where Congress could quiz presidents on current policies the way the House of Commons questions prime ministers. Cooke explained to them that while separation of the branches prevented this, Congress had the advantage of being able to call the president's cabinet for scrutiny before its committees. He argued that the questions and guffaws that prime ministers and cabinet officers faced in the British House of Commons could not be compared, "as a form of executive torture, to an all-day inquisition by a standing committee of Congress." Without the support of a parliamentary majority, the prime minister's government falls, but congressional majorities can ignore the president's legislative proposals, reject his budget, refuse to confirm his nominees, and decline to approve treaties his administration has negotiated.

Party discipline in Congress ebbs and flows over time, and varies between the House and Senate, but in general it is rarely as strong as in a parliamentary system. Senators and representatives hold themselves accountable first and foremost to their constituents. Party leaders have trouble retaliating against dissidents whose votes they will be courting on the next issue. The majority leader may need to appeal to members of the opposition to win a vote. Conversely, congressional leaders rarely need worry about third parties or forge coalitions to govern, as happens in parliamentary systems, since none of the states practice proportional representation to help smaller parties gain seats in Congress. Even the physical setting differs. Unlike most parliaments, where the major parties hector each other while directly facing each other, the semicircular seating in the House and Senate chambers facilitates, at times, bipartisan alliances.

Other democracies overwhelmingly prefer a parliamentary system. The U.S. Congress, by contrast, is slower, more cumbersome, and less efficient—but that was what the framers of the Constitution intended. They designed a system to resist hasty action and temper any sudden shifts in public opinion, to prevent undue concentration of power, to protect citizens' rights, and to forge a national consensus on demanding issues.



## All laws necessary and proper

The Constitution assigns "all legislative powers" to the Congress, together with a long list of specific responsibilities and prohibitions. It implies even more extensive powers by authorizing Congress to make all laws "necessary and proper for carrying into execution the foregoing powers" (Article I, section 8). Known as the "elastic clause," this provision enables Congress to stretch its control over a myriad of new issues without the need for many new constitutional amendments.

Congress has the "power of purse," the sole right to appropriate funds for all federal spending and the burden of raising revenue to pay for it. The Constitution's "commerce clause" gives Congress authority to regulate commerce between the states, and between the United States and other nations (Article I, section 8). Laws setting minimum wages and maximum hours of work in the 1930s came about under the commerce clause, as did the outlawing of racial segregation in the 1960s. Congress has the power to set up the federal court system and set the number of justices on the Supreme Court. It can coin money and borrow it, authorize post offices, build post roads, regulate immigration, and to write laws for bankruptcy and copyright (Article I, section 8). By two-thirds majorities, Congress can send constitutional amendments to the states for approval (Article V).

Congressional influence over foreign and military policy is more ambiguous. Congress has the authority to raise an army and a navy, fund the national defense, and declare war (Article I, section 8), though modern presidents have made expansive claims of authority under their title as commander in chief of the armed services (Article II, section 2). The nation has repeatedly gone into combat without formal declarations of war, and war-making powers have become the greatest area of contention between the branches of the government.



Contrary to orderly flow charts designed to show how a bill becomes law, legislation often follows a convoluted path through Congress. Many initiatives are bundled into enormous legislative packages, a tactic that requires supporters and opponents to swallow more than they might otherwise. Bundling further heightens tension between the Congress and the president, who must sign or veto these "omnibus" bills. By the time most bills reach the president's desk, they have acquired so much support, making it hard for him to reject them without suffering adverse political consequences.

Buffeted by opposing factions, lawmakers constantly make difficult choices. No single member can push a major bill through Congress unchanged; nor can presidents expect to get everything they want, except under dire circumstances. At the depth of the Depression, Franklin D. Roosevelt submitted an emergency banking bill that the House passed that same morning, the Senate passed that afternoon, and Roosevelt signed that evening. No one in Congress had time to read the entire bill. They voted it into law out of desperation, and fortunately it worked to restore public confidence in the banking system. In a similar rush, within a week after the terrorist attacks on September 11, 2001, Congress passed the USA PATRIOT Act (HR 3162), knowing that the public expected a speedy, bipartisan response. After some time had elapsed, however, there were those who wished that Congress had given more consideration to its provisions affecting civil liberties. Most bills take much longer, since they must leap hurdles in two houses that are widely disparate in structure, procedure, and discipline.

## The people's house



At each meeting of the House of Representatives, its sergeant at arms carries into the chamber the House mace, a forty-inch silver shaft topped by an American eagle, a design derived from ancient Rome, via the British Parliament. The mace is placed on a pedestal beside the Speaker's rostrum to indicate that the House is in regular session. When the House acts as a committee of the whole, to relax its rules and expedite business, the mace is set on a lower pedestal to indicate the shift. If tempers flare and disturbances erupt, the sergeant at arms restores order by lifting the mace high as a symbol of the dignity of the House. The smaller, more sedate Senate has never found the need for a mace.

The House now consists of 435 representatives, a resident commissioner from the Commonwealth of Puerto Rico, and five delegates from the territories and the District of Columbia. Delegates can vote in the committees but not on the House floor. Like most state legislatures, representatives vote by an electronic voting system, inserting a card into one of the forty-six voting boxes throughout the chamber, and pressing yes, no, or present. A large illuminated scoreboard above the gallery shows a green light for those who voted aye, red for nay, and amber for present.

Over the side entrances, electronic tallies indicate the number of votes cast for and against the bill, and the amount of time left to vote. Members stream in and mill about the floor in animated knots, cheering on their side's vote count. Even during debate the House seems to be in constant movement. Members rise to deliver short, often sharp speeches from podiums in the well at the front of the chamber, while the bill's managers sit at tables equipped with microphones to enable them to be heard above the hubbub.

In search of democracy in America, the French political observer Alexis de Tocqueville visited the House in 1832, and he was appalled by the coarse nature of its debate. He assumed that the House represented the lower classes. In the Senate gallery, he listened to dignified orations delivered to attentive members, and he decided this was the American aristocracy. Missouri's Thomas Hart Benton, who served in both the Senate and House, rebutted this interpretation by pointing out that since many senators had previously served in the House, the two bodies did not represent different classes. The larger House has always been louder and busier, more efficient, and more acrimonious than the smaller Senate.



The House evolved into a compound of groups: party conferences, committees, issue caucuses, state delegations, freshman classes, prayer breakfasts, and any other means of creating strength through numbers. The House's three-tiered rostrum aptly symbolizes the structure of the body, from the mass at the bottom to the Speaker at the top. The Speaker began as a neutral presiding officer, modeled after the Speaker in the House of Commons. Once the dynamic, ambitious Henry Clay of Kentucky became Speaker in 1811, however, he made the position more political, so that the Speaker is also leader of the majority party. Using the party conference and behind-the-scenes efforts, the Speaker exerts leadership without voting and usually without participating in floor debates. To provide a spokesman for the Speaker and the majority party on the floor, the position of majority leader evolved (at first appointed by the Speaker and later elected by the majority conference). The Speaker relies on the majority leader to prepare the weekly schedule of business for the chamber, calling up bills to debate and vote.

In the era of industrialism that followed the Civil War, the House modernized its committee and floor procedures to deal with the increasingly complicated economic and social issues it faced. These issues prompted more orderly rules and division of labor within the committee system. As members began to stay in office longer and make careers out of their congressional service, seniority became the standard path to gaining influence and chairing committees. (Political scientists have called this development the "institutionalization" of Congress.)

In 1880 the House created a new standing committee on Rules, which became critical to the Speaker's power. Since then, whenever a controversial bill is called up, the Rules Committee will define the length of debate and the type of amendments that can be offered on the floor. This allows the Speaker and the majority leader to know essentially what the bill will consist of and when the vote will occur. Late nineteenth-century Speakers chaired the Rules Committee and used it to tame an unruly House. During the Progressive Era, Speaker Joseph G. Cannon (R-Illinois) single-handedly thwarted reform initiatives. The cigar-chomping "Uncle Joe" Cannon's dictatorial style eventually sparked rebellion by reformers, who in 1910 forced a vote to remove the Speaker from the Rules Committee. Chairmen of the Rules Committee then became independent powers who often strayed from their party's agenda. By 1961, when a coalition of conservative Democrats and Republicans ran the Rules Committee, liberals sought to reverse the earlier reforms. Speaker Sam Rayburn lent his immense personal prestige to an effort that expanded the membership of the Rules Committee and diluted the power of its chair. Speakers no longer chaired the committee, but they appointed the majority members, turning it into an agent of the leadership.

1. Joseph G. Cannon, the powerful Speaker of the House from 1903 to 1911.

In the 1970s, liberal reformers in the Democratic conference stripped the House Ways and Means Committee of its authority to appoint members to committees, shifting that power to the parties' steering committees, under the control of the party leaders. Speaker Jim Wright (D-Texas) further consolidated the power of the leadership, until he was brought down on ethics charges raised by Newt Gingrich (R-Georgia), leader of the conservative wing of the minority party. When Republicans returned to the majority in 1995, after forty years in the minority, Speaker Gingrich embraced and expanded Wright's lead in centralizing power under his own control. House Republicans set term limits for committee chairs and gave the Speaker authority to pass over the senior members of his party and pick more like-minded members as chairs.

Ninety years after Representative Jeannette Rankin (R-Montana) became the first woman to serve in Congress, Nancy Pelosi (D-California) "broke the marble ceiling" to become Speaker in 2007. Although the opposite of Gingrich ideologically, she continued his centralized tendencies. Speaker Pelosi became the face and voice of her party, frequently addressing issues on the House floor. She overruled committee chairs in bringing controversial legislation directly to the floor without their committees' approval. Senate majority leader Harry Reid (D-Nevada) observed with admiration: "She runs the House with an iron hand."



The House minority leadership operates at a disadvantage since the rules favor those who have the votes; the House majority can prevail without bothering to consult the minority. The minority leader focuses instead on positioning the minority to provoke the opposition and appeal to the voters. The job of the minority is largely to keep the majority honest, presenting legislative alternatives that have little chance of passing but that might attract media attention. The minority will try to force votes, despite their limited ability to offer amendments on the floor.

One tactic available to them has been a motion to recommit a bill to committee. Since a motion to recommit can be amended, the minority will use it as a vehicle for an amendment that appeals to public opinion, but which the majority party does not want to pass. Once the majority votes it down, the minority has a campaign issue.

Representatives take pride in calling themselves "the people's House," as that body is the only part of the federal government that has always been directly elected. No one can be appointed to the House. If a representative dies or resigns, the states hold special elections to fill vacancies (unlike Senate vacancies, where most governors can make short-term appointments). Every member of the House stands for election every two years and takes the oath of office anew at the beginning of the new Congress. By starting fresh, the majority can revise the House rules by a majority vote at the start of the Congress, and it can make significant changes in procedure, particularly if a new majority has just come to power, eager to reverse the way things were done.



The two-year election cycle (the shortest term of office among world legislatures) keeps House members perpetually running and raising funds. Reapportionment after each national census requires the states to redraw their congressional boundaries. The party that holds the majority in the state legislature invariably creates districts that favor its own candidates by sorting registered voters in a manner that guarantees "safe districts." They do this by "packing"—concentrating the opposition into one district—or "cracking"—distributing opponents into as many districts as possible to reduce their clout. The familiar term for these practices, "Gerrymandering," dates back to 1812, when Massachusetts Governor Elbridge Gerry's party in the state legislature concocted some odd-shaped congressional districts. An editorial cartoonist added a salamander's head and wings and gave it the governor's name. The term and the practice stuck. Combined with their overwhelming advantage in fund-raising and name recognition, modern House incumbents enjoy a 96 percent rate of reelection.

A failed constitutional amendment in 1791 would have pegged the population of every congressional district at fifty thousand. Had that been ratified, there would be some six thousand representatives in the House today. Instead, the average congressional district now contains about 690,000 inhabitants. Critics believe this population growth has lessened the type of constituent contact that once existed and have recommended expanding the House membership. The columnist George Will once asked: "Why not have 1,000 Congressmen?" But after assessing the reasons for change, he conceded that the "sheer cumbersomeness" of such a large body would likely preclude it.

## The cooling Senate

Whenever House members considered running for the Senate, Speaker Sam Rayburn would grumble: "Why would you do that? You're already in Washington." Rayburn had a point. Members of both bodies earn the same salaries, and representatives, though they run more frequently, have safer seats that almost guarantee reelection. But being a senator carries more prominence and individual authority. Because the Senate does so much of its work by unanimous consent, senators gain power as soon as they take office. Senators therefore attract more media attention, which can fuel presidential ambitions. (For all the senators who have run for president, only three have gone directly to the White House, the rest being "too loaded up with baggage and compromise" for what reporters have called the "message-driven simplicity" of a presidential campaign.)

Senators occupy historic desks in the chamber, carving their names inside the desk drawers alongside those of prominent predecessors. They vote by voice (which takes from fifteen to twenty minutes, about the same as the House takes to vote electronically). Senators have more opportunity to amend bills on the floor and to block objectionable actions. While the House rules favor an organized majority, the Senate's rules give more muscle to the minority.

In creating a bicameral system, James Madison saw the Senate as "a necessary fence." Selected by state legislatures, senators would serve six-year terms, and only one-third would stand in each congressional election. Madison trusted that this would insulate the Senate from shifting public opinion so it therefore could proceed "with more coolness, with more system, and with more wisdom, than the popular branch." Later in the nineteenth century, a story spread that may be apocryphal yet captured the Senate's essence. It claimed that when Thomas Jefferson returned from France after the Constitution had been adopted, he questioned George Washington on why the new government needed a Senate. Washington asked, "Why did you pour your coffee into your saucer?" "To cool it," Jefferson replied. "That is precisely why we created the Senate," said Washington, "to cool it."



Jefferson contributed to the Senate's distinct ethos during his vice presidency by preparing a manual of parliamentary practice (which the House also adopted). He believed that "order, decency, and regularity" would produce "a dignified public body." Political issues would invariably generate heat and emotion, but tensions could be defused through polite language. Senators should therefore not refer to each other by name ("the distinguished senior senator from the great state of...") and address the presiding officer rather than each other in debate (which is why they punctuate their remarks with "Mr. President" or "Madam President"). They should not insult each other, question each other's motives, or disparage each other's states. Anyone breaking these rules can be ordered to take their seat and stop participating further in the day's debate. Senior members will take junior colleagues aside to advise them on appropriate behavior in the chamber.

The snail's pace of legislative deliberations can frustrate the new senators, impatient to enact legislation and reform government practices. Senators who left business careers, or were governors, had been used to setting their own schedules. In the Senate they encounter endless discussion, debate, and delay. Former Governor Henry Bellmon (R-Oklahoma) regarded the Senate as a letdown. "Compared to the responsibility, work load, and excitement of the four years as governor," he concluded, "serving in the U.S. Senate seemed about as exciting as watching a stump rot."

The U.S. Senate has been called the most powerful "upper house" of any democratic government. In the First Congress, that label simply described its location upstairs over the larger House chamber in Federal Hall. Public attention focused far more on the House at first, while the Senate devoted itself largely to perfecting legislation passed by the other body. For six years the Senate met entirely in secret and, even after opening its doors, got much less press attention than the House. In 1806 Senator William Plumer (Federalist-New Hampshire) complained that few visitors sat in the Senate galleries, whereas the House galleries were always packed.



The Senate's evolution into a more commanding body began with a compromise designed to defuse the emotional issue of human slavery in the western territories. When alarm was raised over Missouri's admission into the Union as a slave-owning state, the Compromise of 1820 preserved the balance between the North and South by admitting Maine as a free state. The Compromise drew a line across the nation, prohibiting slavery north of that line and pairing the admission of new states from the two sections. That meant that on the most divisive issue of the day, the Senate would be evenly divided. As public attention shifted to the Senate, with it came such ambitious representatives as Henry Clay (Whig-Kentucky), Daniel Webster (Whig-Massachusetts), and John C. Calhoun (D-South Carolina), whose oratory created the Senate's Golden Age of Debate.

2. The "Great Compromiser," Henry Clay, served as Speaker of the House and as leader of his party in the Senate.

As the territories lined up to become states, the Senate and House outgrew their space. There had been 34 senators and 142 representatives in 1810, when they first occupied their elegant chambers on the Capitol's second floor, but there were 62 senators and 234 representatives by 1851, when Congress authorized construction of two wings on the Capitol to house enlarged chambers. In 1859, 66 senators marched from their old chamber to the new, in a procession that contained men who would serve in the cabinets and the military of both the Union and the Confederacy.

The post–Civil War industrial revolution saw an expansion of the American economy and the federal government. Senate committees dealing with tariffs, taxes, and appropriations grew independently powerful, and wealthy men competed for Senate seats to influence economic development. During the Progressive Era, muckraking journalists accused the Senate of acting more for special interests than for the public good. Charges surfaced that some state legislators had accepted bribes to vote for Senate candidates; and dissension in the state legislature allowed some Senate seats to remain vacant for an entire Congress. Rather than adopt the European model of trimming the power of the upper house, American progressives transferred the power to elect senators from the legislature to a direct vote by the people. Reformers hoped that this change would circumvent the corrupt political machines that often controlled the legislatures. The Seventeenth Amendment was ratified in 1913, and the next year the voters reelected every incumbent who was running. The state legislatures had not been far removed from public opinion.

Direct election turned out to be significant for what it did *not* change. The Seventeenth Amendment left all of the Senate's original powers intact. It made senators closer to the people of their states, whose votes they courted for reelection. A few critics have advocated its repeal on the grounds that it weakened the ties between the states and the federal government, but the voters are unlikely ever to relinquish the right to choose their U.S. senators.

With two-thirds of the senators continuing in office through each election, the Senate has defined itself as a "continuing body." It does not enact new rules by majority vote at the beginning of each new Congress the way that the House does, which makes changing Senate rules much more complicated and infrequent. "Administrations come and go," observed the scholarly Senator Henry Cabot Lodge (R-Massachusetts). "Houses assemble and disperse, Senators change, but the Senate is always there in the Capitol, and always organized, with an existence unbroken since 1789."

The Senate operates according to a small number of standing rules, which it regularly waives by unanimous consent agreements. Floyd Riddick, who served as Senate parliamentarian, insisted that the rules were perfect, "and if they change every one of them, the rules will be perfect." What he meant was that the Senate adopted rules to fit its needs and had the constitutional power to rewrite all of them if they no longer worked. Senate rules allow more time for debate and delay than in the House, which requires more negotiation and compromise to get anything done. The resulting slow pace frustrates nearly everyone, but shields against hastily enacting flawed bills.



While the House is ruled from the chair, the Senate is ruled from the floor, by its members rather than its presiding officer. Other than to break an occasional tie, the president of the Senate (the vice president of the United States) has only the authority that the Senate willingly grants. Vice presidents can make parliamentary rulings, but senators can overturn them by a simple majority vote. Vice presidents can address the Senate only with its indulgence. The first vice president, John Adams, interjected himself so often in the debate during the First Congress that his friends warned against stirring up controversy, and Adams quieted down. Vice presidents have served as liaisons between the administration and Congress, but Vice President Spiro Agnew once made the mistake of buttonholing a senator on the floor to solicit his vote.

Although he was from Agnew's party, the angry senator publicly announced that if the vice president did that again, he would vote the opposite way. Through a combination of imposed and self-imposed restraints, therefore, vice presidents have presided in a neutral manner and limited their appearances in the chamber mostly to ceremonial occasions.

In the vice president's absence, the Senate elects a president pro tempore, customarily the senior member of the majority party. Although the position stands third in the line of presidential succession, it has been held by senators in their eighties and nineties. The real leader of the Senate, the majority leader, is not mentioned in the Constitution because political parties did not exist when it was written. During the nineteenth century, the Senate operated without floor leaders, with the chair of the majority conference calling bills off the legislative calendar for debate. In 1913, President Woodrow Wilson persuaded Senate Democrats to designate a floor leader to manage his legislative agenda, and John Worth Kern (D-Indiana) became the first majority leader. Since 1937, both party floor leaders have claimed the front row center seats in the Senate chamber and have been afforded the right of first recognition. Whenever several senators are seeking permission to speak at the same time, the presiding officer will call on the majority and minority leaders first, giving them possession of the floor, which offers a significant parliamentary advantage.

Opponents of a bill may block it by holding the floor and conducting a filibuster. The term comes from the Dutch word for freebooter, or pirate, and has been applied to the minority of senators who seize control of the proceedings against the majority. If a vote were held, the majority would prevail, so the minority filibusters to stop a vote from occurring. The Hollywood movie *Mr. Smith Goes to Washington* fixed the public image of a filibuster as that of a single senator talking himself hoarse while holding the floor for hours. These days, filibusters often involve no talking at all, just someone applying the rules to tie the Senate into procedural knots, or a cloture motion that fails to get the sixty votes needed to cut off debate.

The Senate had no cloture rule at all until 1917, when a "little group of willful men," as President Wilson called them, filibustered against arming American merchant ships against German submarine warfare. The wartime atmosphere prompted the Senate to establish a cloture rule, by which a two-thirds vote could cut off debate. For the next half century, filibusters became the almost exclusive tool of southern senators intent on blocking civil rights legislation. Cloture was rarely invoked until one ended a fifty-seven-day filibuster against the Civil Rights Act of 1964. In 1975, Senate liberals reduced the cloture requirement from two-thirds (sixty-seven votes) to three-fifths (sixty votes). Since parties rarely enjoy majorities of sixty votes, a straight party-line vote is therefore insufficient to pass controversial legislation.



Views on the filibuster depend on whether one's party is in the majority or the minority. The majority denounces obstructionism, while the minority defends such tactics as a defense against being steamrollered. Frustrated with filibusters against judicial nominations, Senate Majority Leader Bill Frist (R-Tennessee) threatened a "nuclear option" by which the presiding officer could rule the debate dilatory and force a vote. If the minority protested, a majority vote of the Senate could sustain the ruling of the chair. This would effectively reduce cloture to a simple majority vote. It took its name "nuclear" because of the devastation it could wreak on Senate traditions. Opponents claimed that the nuclear option would end robust debate, making the Senate another version of the House, and a bipartisan group of veteran senators worked out a compromise that averted the nuclear option.

With rules that foster deliberation, cooperation, and consensus building, the majority cannot relegate the minority to the role of bystanders. The majority leader sets the agenda by calling bills from the calendar, but the minority leader holds an arsenal of parliamentary weapons for blocking action. Little of consequence happens in the Senate, therefore, unless the two party leaders have reached some accord. Even then, dissenters from either party can derail their efforts. The Senate's procedures make it "the negotiating body." Having passed a strong bill, House members get infuriated over compromises struck in the Senate. But the House minority will often give thanks for the Senate minority's ability to force changes or derail a bill entirely. Senate leaders regularly remind their House counterparts that their chambers operate differently and that the Senate majority cannot do everything it wants. Senator Arlen Specter (R/D-Pennsylvania) has compared the Senate's rules to anarchy and the House rules to despotism, adding that deciding which is better "is a fairly tough choice."

## To get along, go along



"Young man, I want you to remember, you can't have everything your own way," the Speaker of the House told Carl Hayden (D-Arizona) when he was first elected in 1912. "There never was an important piece of legislation enacted by Congress which was not the result of compromise." Hayden was fond of repeating that quote to freshmen until he left Congress in 1969. Those words were echoed by a later Speaker, Sam Rayburn, who advised new members: "If you want to get along, go along."

The legislative process is one of continuous bargaining. Strong individuals win election to Congress, where they will need to work collectively in order to accomplish anything. They must tailor their ideas to gain majority support, often merging their objectives into larger packages filled with other provisions. They must build coalitions, drum up publicity, plan parliamentary strategy, debate, and haggle to garner enough votes to get the bill passed. That is just to clear one house. The process must start again in the other house. Then the two versions must be reconciled before going to the president.

Compromise, negotiation, and bipartisanship have also been crucial for foreign policy. President Woodrow Wilson proved unable to convince the Senate to approve the Treaty of Versailles, which ended World War I and established the League of Nations, partly because he had not included senators in the negotiations. After World War II, Democratic President Harry Truman relied heavily on Senator Arthur Vandenberg (R-Michigan) to promote a bipartisan foreign policy. Having shifted his own thinking from isolationist to internationalist, Vandenberg worked to unite both parties behind Truman's Cold War programs. To win Senate approval for the Marshall Plan for rebuilding postwar Europe, Vandenberg advised the Truman administration not to request the entire $17 billion for a four-year program, but only the appropriations needed for the first year of the program, giving opponents a smaller target. He appreciated that legislation was "the art of the possible," and that, no matter what their inherent qualities, bills had to be made politically palatable.



Sometimes called the Senate's "odd couple," Edward (Ted) Kennedy (D-Massachusetts) and Orrin Hatch (R-Utah) successfully cosponsored some notable health legislation despite being poles apart ideologically. Hatch attributed this to Kennedy's willingness "to work with those who shared his goals, even if they had different ideas on how to achieve them." There remains the danger, however, that too much compromise can dilute worthwhile ideas and produce less effective legislation. Some members are unwilling to compromise their principles in order to achieve influence. One longtime Senate staffer, Howard Shuman, observed that the durability of congressional reputations depended on whether a member's passion was for power or for issues. The ability to make one's colleagues tremble was no guarantee against being forgotten. Instead, it was the issue-oriented member who stood for something, who survived the test of time.

A notable example of standing against party and public opinion occurred in 1950 when Margaret Chase Smith (R-Maine) issued her "Declaration of Conscience" against the "fear, ignorance, bigotry, and smear" being employed by such congressional anti-Communist investigators as Joseph R. McCarthy (R-Wisconsin). Another courageous stand occurred in 1995, when Mark Hatfield (R-Oregon), chairman of the Senate Appropriations Committee, cast the vote that cost his party the two-thirds margin they needed to approve a Balanced Budget Amendment to the Constitution. Having concluded that the convoluted amendment would cause more problems than it would solve, Hatfield voted no, although it jeopardized his chairmanship. Congress afterward managed to balance the budget without the amendment.

As James Madison wrote in *The Federalist*, society is composed of a "great variety of interests, parties and sects," and the difficulty in creating coalitions to form a majority reduces the danger of the majority trampling the rights of the minority. Congress reflects Madison's vision of pluralism made of contending self-interests. Members who forge compromises to pass bills implore their colleagues not to "let the perfect be the enemy of the good." A sponsor of a major farm bill, passed over the president's veto in 2008, conceded that it was not a perfect bill and that it contained some provisions he wished were not there. "But it is a massive piece of legislation, as is every farm bill," he explained, "and we have to reach compromise to be able to get a bill of that massive size passed by the House and by the Senate." Critics could decry the legislation as "pork-barrel politics" or as localism driving national policy, but its authors had crafted a package that addressed the needs of producers and consumers as broadly as possible in every region. That is the essence of representative government.

# Chapter 2
# Campaigns and constituents

Faced with staggering federal deficits when he came to office in 1993, President Bill Clinton proposed an economic plan that combined spending cuts with a tax increase that fell hardest on wealthier taxpayers. House Republicans voted unanimously against the tax increase, joined by enough fiscally conservative Democrats to tie the tally at 217–217. That left the freshman Marjorie Margolies-Mezvinsky (D-Pennsylvania) to cast the deciding vote. Calls from her constituents were running overwhelmingly against the plan, making it clear how much the affluent suburbs of Philadelphia she represented disliked bearing the brunt of the taxes. Margolies-Mezvinsky had already announced her opposition to the plan, on the grounds that the spending cuts did not go deeply enough, but in the Democratic cloakroom off the House floor she took a call from Clinton, who pleaded that the fate of his presidency hinged on her vote. When she reluctantly voted "yes," she heard other representatives calling out "Bye-bye, Marjorie." Although the economic plan succeeded, Margolies-Mezvinsky lost her race for reelection. Reviewing her single term, she felt that the question she had to answer was: "Do you represent, or do you lead? In the end, one must put aside all the chatter, noise, all the headlines, all the calls, close the door to your office, and make a very tough and often unpopular choice."

Elected locally, candidates for Congress go to Washington to craft national policy, and they find that voting on major legislation may force them to choose between national needs and constituent approval. They must calculate the impact of their votes on their chances of reelection. They return home regularly to monitor local sentiments, which in turn will influence how they vote on legislation. They also want to point out the federal projects they have brought home, on the assumption that constituents will ask: "What have you done for me lately?" Representative L. Mendel Rivers (D-South Carolina) was a classic case; he won reelection for thirty years on the strength of his seniority on the Armed Services Committee (which ensured that every branch of the military operated a base in his district) under the unambiguous campaign slogan "Rivers Delivers."



Elections give the voters a chance to make their own opinions known. They can decree continuity or change, demand a more active or limited government, tilt toward an ideology, or simply endorse a candidate's individual qualities. Voters reelect incumbents to allow them to gain seniority and clout in Congress, or turn out in reaction against the drift of national policy. It is an oddity that while opinion polls rank Congress poorly as a whole, voters are most likely to reelect their own senators and representatives. Citizens like the way their own members are representing them; they just dislike everyone else's. Feeding this perception, candidates will often run for Congress by running against it, using the institution's collective unpopularity as a campaign tool, differentiating themselves, as one member explained to a political scientist, from "the rest of those bandits down there in Congress."

## Campaigning for Congress

"I am going to Texas, and you can go to hell," Representative Davy Crockett (Whig-Tennessee) told off his constituents when they failed to reelect him in 1834—two years before he died at the Alamo. Since federal elections began in 1788, candidates for Congress have campaigned vigorously by horseback, wagon, railroad, plane, car, and bus. Nineteenth-century candidates became accomplished stump speakers, able to address huge crowds without amplification. On his deathbed, former senator and vice president John C. Breckinridge (D-Kentucky) impressed his doctor with his clear and strong voice. "Why doctor," the old politician said proudly, "I can throw my voice a mile." His successors could address the voters via radio, television, and the Internet. In the 1920s, candidates had to adjust to the unseen audiences of radio. The new medium fit their florid stump style of speaking, although some tied themselves to the microphone to keep from pacing the stage by habit. In the 1950s, politicians fixed on television as the best means of reaching statewide audiences. The cooler medium required a different style of presentation and influenced the type of candidates who got elected.



Politicians rank personal contact highly but recognize that the kind of face-to-face campaigning they can do will not reach many people statewide or in districts with hundreds of thousands of constituents. They jockey to appear on camera and devote the largest share of their campaign spending to television ads. As early as the 1930s, the humorist Will Rogers commented that politics had gotten so expensive that "it takes a lot of money even to get beat with." Raising campaign funds consumes an inordinate amount of each member's time and has contributed to truncating the congressional workweek to Tuesday through Thursday. Since fund-raising also provides access for lobbyists, it has become a political issue. Campaign financing reforms now require congressional candidates to disclose how much they raise and spend, and the names of their contributors. But in *Buckley v. Valeo* (1976), the Supreme Court struck down legislation aimed at capping the cost of campaigns. The justices decreed that candidates could not be limited in the amount of their own money they spent on their own campaigns. Opponents called such caps a

**3. Campaigning can be joyous as well as arduous. Here Senate minority leader Everett M. Dirksen (R-Illinois) and Charles Mathias (R-Maryland) christen a campaign bus at the Capitol in 1968.**



restriction on free speech, while proponents argued that unlimited individual spending favored the independently wealthy. Money talks, and those with more can talk more loudly.

Despite various reform efforts, the cost of campaigning has continued to escalate. Congressional candidates have grown dependent on a proliferating number of Political Action Committees (PACs) to serve as their fund-raisers. Sponsored by special-interest and single-issue groups, as well as by aspiring leaders in Congress, PACs spread funds to multiple candidates to win support for their causes. After an election, PACs will often help the winners retire their campaign debts and prepare for the next race. Money raised for a specific candidate is known as "hard money," whereas money raised for general get-out-the-vote campaigns and not tied to a specific candidate is called "soft money" and is less closely regulated than hard money. In seeking soft money, the national party organizations offered large donors opportunities to meet privately with the most influential committee chairmen. National associations in turn hosted fund-raisers for the committee chairs handling legislation that they wanted to see passed. The McCain-Feingold Act of 2002 attempted to ban "soft money," but opponents have been creative in seeking ways to circumvent it.

Once in office, the time between elections speeds past. Since the term of every member of the House, from the Speaker down to the freshman class, will expire in two years, representatives run constantly until they lose, retire, or die. In their districts, House members relentlessly seek out constituents in storefronts and at state fairs and community meetings. Representative Gene Snyder (R-Kentucky) made it a routine to drive the length of Highway 42, which ran through his district, stopping randomly at coffee shops and barbershops to find out what was on people's minds. Even with their longer terms, senators follow similar routines. Although politicians rely heavily on pollsters for monitoring public opinion, members of Congress often find that regular traveling around their states precludes the need for expensive polls, since they can talk to more people in a weekend than the pollsters will cover. Senator Richard Russell (D-Georgia) used to say that the six-year term permitted senators to spend two years as a statesman, two years as a politician, and two years as a demagogue. But members of the House cannot afford "the luxury of being a statesman, as a senator can," commented Representative Fletcher Thompson (R-Georgia). "A congressman runs every two years. He can't run very far from basic public opinion in his district or he won't get reelected."

Incumbents say that there are only two ways to run for reelection: scared, or unopposed. Even faced with opposition, representatives enjoy a high rate of reelection, partly because of the greater name recognition that comes with holding office and partly because their parties in the state legislature drew the congressional boundaries to maximize the party's strength in the district. Most districts are solidly Democratic or Republican. Some marginal districts will swing back and forth, particularly during presidential election years. Safe seats sometimes encourage members to keep a low profile in Washington. They will rarely cosponsor amendments or speak on the floor, and will devote themselves to promoting the needs of their district and responding to constituent requests. Regular reelection will allow them to rise quietly through the ranks to influence policy.

Safe seats can disappear, however. Districts may be merged, after a census, forcing colleagues to run against each other in a primary to claim the new district. Despite its 96 percent rate of reelection, House membership is never stagnant. Deaths, retirements, runs for other offices, and defeats produce an average turnover in House membership that will range from 10 to 20 percent after each election. At any given time, half of the members of the House will have served for fewer than eleven years.



## Political parties in Congress

The Constitution does not mention political parties, because some of the framers prayed that divisive "factions" might be avoided. But parties promptly developed in the early republic and became an essential force in congressional policy making. The center aisle in the House and Senate chambers divide the two major parties. Each has its own cloakroom, elects its own leaders, and holds its own conferences. The political parties select their own members' committee assignments. The party leaders and the committee chairs and ranking minority party members manage legislative business in the chambers. The majority party plans and drives the legislative agenda with the minority taking every opportunity to reshape it. Legislation inevitably reflects the tension between the parties, in committee and on the floor, adding a political element to the checks and balances between the branches.

The first signs of political parties emerged as early as the ratification of the Constitution in 1788, when its supporters and opponents roughly divided into Federalists and Anti-Federalists. Federalists controlled the first three Congresses until 1795, when the opposition (by then becoming known as Democratic-Republicans) gained the majority in the House. In the elections of 1800, Federalists lost both houses, never to regain power. After several decades of one-party rule, known as the "Era of Good Feelings," Congress in the 1830s divided politically between President Andrew Jackson's supporters, the Democrats, and his opponents, the Whigs. Both parties combined northern and southern wings. The explosive issue of slavery in the territories would eventually undermine the Whig Party, whose northern members merged with anti-slavery Democrats and other factions to become Republicans. Since 1857, the Republican and Democratic parties have dominated Congress.



Given the size and diversity of the United States, the persistence of a two-party system in Congress has been extraordinary. Among the contributing factors is the constitutional requirement of electing presidents through the Electoral College. The parties' need to put together a majority of electors from across the nation has encouraged them to be broad-based and inclusive, discouraging ideologically focused third parties or regionally based parties. The Texas billionaire Ross Perot, for example, largely self-funded his 1992 campaign and received 19.7 million popular votes, but he did not win a single electoral vote, causing his Reform Party to fade away. The two-party system has been reinforced in Congress by the states' practice of electing representatives by district rather than statewide (districts are not required by the Constitution). Occasionally, third parties have held congressional seats, but their presence has been fleeting. Independents who are elected to Congress need to join one of the major party caucuses in order to get decent committee assignments. "You don't have to be a political genius to know that if you function alone, there are real limits to what you can accomplish," commented Bernie Sanders (I-Vermont), an Independent who caucused with the Democrats in both houses.

Beneath the big tents of the two-party system, however, lurk conflicting ideologies that have often been apparent within the parties' congressional conferences. Since the Civil War, the Democrats had been an amalgamation of rural southern whites and northern urban immigrants. Republicans remained strongest in New England and the Midwest, and various reform movements occasionally elected members to Congress from the West. Throughout the twentieth century, Congress therefore operated under a de facto four-party system, with a coalition of conservative Democrats and Republican voting against liberals in both parties. In 1912, Theodore Roosevelt split the Republican Party by running for president as a Progressive. The Republican Party remained divided for decades between eastern liberals and midwestern conservatives. At the same time, conservative southerners constituted a significant minority within the Democratic Party, accruing seniority that gave them most of the major committee chairmanships. Passage of the Civil Rights Act of 1964 saw the breakup of the "Solid South," profoundly changing patterns of congressional elections. For a century, the Congressional map had followed the old Missouri Compromise line, with Democrats largely representing districts below and Republicans above the line (except in the larger cities), neatly bisecting the nation from East to West. By the end of the twentieth century, the Congressional map instead resembled a Jackson Pollock painting. As all of the regions became more politically competitive, the Republican and Democratic conferences in the House and Senate grew more internally cohesive, with fewer middle-of-the-road members willing to cross the line for the sake of bipartisanship. Straight party-line votes in Congress, so rare in the past when the parties were internally divided, now became commonplace.



Every four years, a candidate for Congress will run on the same ticket as the party's presidential nominee. Should they both win, the popularity of the presidential candidate in the district or state will often influence their relationship in office. If the presidential nominee happens to be unpopular in a state or district, the congressional candidate will run a local campaign that steers clear of the national ticket, and he or she will be nowhere to be seen when the presidential candidate makes a local appearance. If a congressional candidate wins election by a larger margin than the president, the White House will find it difficult to convince the member to vote for bills that are unpopular back home. If a successful candidate believes victory was due to the president's coattails, the member will support the president out of gratitude and self-preservation. Unpopular presidents can wreak havoc on their parties in Congress. Jimmy Carter came to the presidency in 1977 with Democrats holding large majorities in the House and Senate, but he alienated those who should have been his supporters and consequently suffered a number of legislative setbacks. When Carter lost in 1980, his early-evening concession depressed voter-turnout in the West, where the polls remained open for several more hours, costing some prominent Democrats their seats and the majority in the Senate. The collapse of Bill Clinton's ambitious health care plan in 1994 contributed to his party's loss of its majorities in both the Senate and House during the congressional midterm elections. Republicans dominated Congress from then until the midterm elections in 2006, when George W. Bush's war in Iraq and mishandling of Hurricane Katrina relief enabled Democrats to regain the majority.

Prior to the advent of the primary system for nominating congressional candidates, party bosses routinely selected candidates who had worked their way up through the ranks. Progressive reformers promoted primary elections, to let the people decide, and these often resulted in the election of candidates who were independent entrepreneurs, who could self-finance their campaigns, and who would be less responsive to party discipline. The congressional parties have also done their best to influence the results. In both the House and Senate, the party conferences appoint congressional campaign committees to recruit candidates, provide resources for public opinion polling, raise funds, and advise how to spend them. House majority leader Tom DeLay (R-Texas) compared the national campaign committees to clubs that exist principally for their members. "The main benefit of membership is the gobs and gobs of campaign cash, or at least access to it, for others who are at risk, and who find themselves in a competitive election," DeLay observed. "But it's a two-way street. In order to have this collective political insurance, you have to pay a premium: You're expected to contribute a certain amount of money to the club, a negotiable amount based on your seniority, reelection security, committee assignments, etc. And if needed, you must be willing to travel and work on behalf of other at-risk members."

When the votes are counted, the loser may challenge the results. The Constitution leaves it to each house of Congress to determine whether a candidate should be seated. A disputed victor might be seated "without prejudice" while a committee investigates the charges. Two contested elections are instructive of the different ways the two houses of Congress operate. After the 1974 elections, the Senate Rules Committee spent months trying to recount the paper ballots from New Hampshire, where both candidates claimed victory. When they could not agree on who actually won, the senators sent the election back to the state, where in September 1975 the Democrat won the seat in a new election. By contrast, in the 1984 election an incumbent, Frank McCloskey (D-Indiana), initially won by seventy-two votes. After a recount, his Republican challenger Richard McIntyre went ahead by thirty-four. Indiana certified McIntyre the victor. Then the Democratic majority in the House held its own recount and declared that McCloskey won by four votes. House Republicans tried to declare the seat vacant and force a new election, but Democrats voted to seat McCloskey. The federal courts allowed this selection to stand, but the outraged Republican minority used the contested election as a rallying cry, and partisanship in the House grew more intense.

Only rarely has Congress refused to seat a member. In 1865, northerners in Congress barred all the members elected from the former Confederacy until those states ratified the Thirteenth Amendment, abolishing slavery. The House and Senate also excluded a few members for reasons ranging from questions of citizenship to malfeasance, disloyalty, and religious affiliation. In 1919, the House did not seat Victor Berger, a Wisconsin Socialist who had been convicted of violating the Espionage Act of 1917 for publishing articles against American participation in World War I. After the Supreme Court overturned his conviction, however, Berger served three terms in the House. In 1967 the House excluded Adam Clayton Powell (D-New York) out of disapproval of his freewheeling lifestyle. The Supreme Court reversed this action in 1969, on the grounds that Powell met all the constitutional requirements for service and had to be seated, although the House retained the constitutional authority to expel him by a two-thirds vote.



The states cannot set term limits on members of Congress, nor recall them by petition and state balloting. Some people assume that because their state constitution permits such practices for state officials that the same rules apply to senators and representatives. But no member of Congress has ever been recalled, nor ever will be until a constitutional amendment permits it. The courts have determined that the only qualifications for members are those specifically designated in the Constitution: age, citizenship, and residence.

## The freshman class

Fresh from victory, those elected for the first time arrive in Congress full of new ideas to enact, often impatient with the glacial pace of legislation. It takes a while to realize that the separation of powers means that their chamber is just part of the government, not the whole. A bill that sails through the House may go nowhere in the Senate. Legislators must package their ideas in such a way not only to convince their leadership, but also the other body, the president, and the courts. After a pivotal election, a new or expanded majority can trigger an initial burst of legislative activity, but over time the system of checks and balances works against rapid change. Freshman members also complain about the demands of the job, the inability to set their own schedules, the need to spend so much time away from their families, and the pressures of doing so much fund-raising, but they all run for reelection.

In their efforts to reform the system, a few freshman members have been so determined to cut federal spending and abolish pork-barrel politics that they vote against federal funds for their own districts. (The "pork barrel" expression dates back to antebellum plantation days, when field hands dipped into a large barrel of salt pork for their food; similarly, when legislators win federal funding for special projects in their districts, they are "bringing home the bacon.") Among the voters, this may not be a popular position. Members who survive close races are said to return to Congress "Housebroken," more willing to compromise in order to accommodate their constituents' demands. Those who study voting patterns in Congress observe that the longer that members stay in Congress the more they tend to "regress toward the means," moderating their ideological views to increase their chances of reelection.



Confronting the ever-present tension between national and local interests, the British political theorist and member of Parliament Edmund Burke told his constituents in 1774 that legislators must voice the "general reason of the whole" rather than "local prejudices." Burke asserted that a member must dare to "resist the desires of his constituents when his judgment assured him they were wrong." When he voted against his district's interests, however, those noble sentiments got Burke defeated for reelection in 1780.

National needs, party unity, and presidential pressure often force members to cast difficult votes. One senior representative, William Natcher (D-Kentucky), used to advise freshmen to "do what's right, then go home and explain to your people why you did it.... Some votes will take the skin off your back. If you explain, your people back home will put it back on." In studying representation, political scientists have divided members of Congress into delegates (who follow constituents' wishes) and trustees (who follow their own principles), recognizing that most will blend those impulses depending on the issue. The more directly something affects the voters, particularly economic policy, the more they expect their member to act as a servant of the constituency. Voters will usually show greater tolerance of a member's independent stance on more indirect issues, such as national defense and foreign policy.

In the House, members of the minority find it easier to break ranks and "vote their district" on issues where their party is going to lose anyhow. In the Senate, the minority leader needs to hold at least forty-one votes to prevent cloture and will remind the conference that their strength lies in standing together. The parties will also look for ways to let vulnerable freshmen score legislative victories that will enhance their prospects for reelection. A Louisiana representative who won an upset victory in a special election in 2008 was not appointed to either the Energy or Intelligence committee, but his party leaders allowed him to introduce the National Energy Security Intelligence Act, which passed by a vote of 414–0. But this accomplishment proved insufficient for him to win another term.

Each freshman class has become progressively more inclusive with regard to race, ethnicity, and gender. The growing ranks of the Congressional Women's Caucus have given women members more clout for promoting issues of significance to women, particularly in matters of health, education, and equality in the workplace. The Congressional Black Caucus similarly has promoted civil rights and economic opportunity. Begun as small contingents in Congress, they expanded in size and influence, with some of their members rising to chair important committees. Women and minority members of Congress enable the legislative branch to better represent the nation, but they still fall short of their actual proportions of the population. This has posed a conundrum for the state legislatures in drawing congressional boundaries. A "color-blind" decision that ignores race as a factor risks dividing minority constituents among several districts, reducing the chance of a minority member winning election. But drawing districts that concentrate racial or ethnic groups to ensure their election has been seen by the Supreme Court as a form of "political apartheid" that violates the Fourteenth Amendment's pledge of equal protection under the laws. The under-representation of minorities in Congress can also be attributed to the states that drew the districts, the parties that put up the candidates, the voters who cast the ballots, and the potential candidates who did not run.



## Serving constituents

In 1934, Kansas City's political boss Tom Pendergast advised newly elected Senator Harry Truman (D-Missouri) to "work hard, keep your mouth shut, and answer your mail." The basic duties of senators and representatives are legislation, education, and advocacy. Their legislative function includes holding hearings and reporting out bills, while education requires informing their constituents about the issues and explaining the stands they have taken. Advocacy involves pleading their constituents' interests and attitudes on national issues and providing them with constituent services.

Candidates to Congress may get elected by accident, House Speaker John McCormack (D-Massachusetts) once observed, but are "seldom reelected by accident." Reelection depends on keeping constituents convinced that they are best representing their interests. Responding to constituent requests can be as helpful for keeping a member in office as any legislative accomplishment, so casework occupies the bulk of the staff time of every congressional office. Members' offices are deluged with postal mail, email, and phone calls, expressing constituents' views, and the offices will solicit more by sending out questionnaires and holding town hall meetings. The awareness that constituents keep them in office fosters a customers-come-first attitude. Even the internationally minded J. William Fulbright (D-Arkansas), the erudite chairman of the Senate Foreign Relations Committee, once interrupted a debate in Geneva over nuclear weapons for NATO to protest European restrictions on importing U.S. chickens. Protecting Arkansas' chicken producers kept Fulbright in the Senate.



Americans have a First Amendment right to petition their government, and Congress has collected mountains of such petitions, from long scrolls to stacks of identically worded postcards that support or oppose an issue, or seek assistance. Until World War II, half of the legislative output consisted of private bills, designed to help a specific individual or group, whether to repay damages done to private property in wartime, to provide a pension, or to unite family members through immigration. Later, Congress dealt with these issues generally in larger bills, and the number of private bills dwindled. Most constituent services now involve straightening out a problem with Social Security or veterans' payments, getting a son or daughter into one of the military service academies, expediting a passport, or some other congressional intervention with the bureaucracy. Members confront major national issues, but they also take pride in the individual cases in which they made a difference in someone's life.

Before the Internet, a good share of congressional correspondence came via telegraph. One staffer recalled how the member he worked for handed him a stack of telegrams on a particular issue and told him to sort them into "for" and "against" piles. Without bothering to read them, the member voted for the bill because the "for" pile was higher. But another member who received ten thousand messages opposed to a bill that he supported dismissed them on the grounds that a lot more people than that had elected him.

Email began arriving in the 1990s, and within a decade it accounted for 80 percent of all congressional correspondence. Email has facilitated members' communication with their constituents, particularly after postal mail had to be delayed for irradiation following an anthrax incident in 2001. Advocacy groups and associations have found it easy to encourage groups to use the Internet to contact legislators. Grassroots organizations, such as labor unions, environmentalists, and pro- and anti-abortion rights groups, influence members of both parties. The flood of email can make it difficult for members to respond, and tardy or unanswered messages can raise ire among Internet users who expect instant gratification. Polls indicate that a majority of Americans do not believe their members of Congress, despite their efforts, were interested in what they had to say, which accounted for angry outbursts at some town hall meetings.



As quickly as a new technology develops, members will adopt it, especially younger members and those in the minority. Senators and representatives use Web surveys and have turned their Web sites into electronic newsletters. They participate in town meetings on the Internet, inviting home-state residents to participate in a telephone conference call with the lawmaker. A typical call will draw many times the number who would attend an actual town meeting in the district. In response, when a hot issue is being debated and a critical vote is pending, the "folks back home" will swamp the members' email and jam their phone lines with calls. Members are aware that those who feel passionately about an issue are the one most likely to write or call and that they will not hear from the vast majority of their constituents. But those who feel passionately are also the ones most motivated to vote, especially in primary elections.

Pages of almost every issue of the *Congressional Record* are filled with members' recognition of their constituents' accomplishments and significant milestones. They congratulate Eagle Scouts, celebrate golden anniversaries, and eulogize the recently departed. On the same day, for instance, the *Congressional Record* carried resolutions establishing a National Dysphagia Awareness Month and a National Corvette Day, and one honoring the life of the winemaker Robert Mondavi. One tradition that has now disappeared was the nineteenth-century practice of sending packages of seeds to rural constituents: at each session of Congress, every member received crates of vegetable, flower, and grass seed packets from the Agriculture Department, to reap good will back home.

Despite modern improvements in communications, members want to spend as much time as possible at home. Increasingly, they leave their families back home and visit on weekends, when they also schedule town meetings, address civic organizations, visit churches and synagogues, and drop into the local barber shops to listen to people's opinions and complaints. Members maintain district offices and station part of their staff there. In Washington, they host visiting constituents, run breakfast meetings, give tours, pose for photographs with students on class trips, and do anything else they can to remind the voters that they are working for them.



Patronage constitutes a more specialized form of constituent service. Members enjoy the opportunity to nominate people from their home states for appointments to the military academies. They make recommendations for U.S. attorneys and federal judges from their states and for any number of executive-branch appointments. A classic case in the nineteenth century involved Representative James Buffinton (R-Massachusetts), who hated to turn down a constituent seeking federal office. He developed a practice of giving everyone who asked a letter of recommendation to the executive departments. Government hiring clerks knew his system. When he signed his name Buffington, adding a "g," it indicated that he wanted the man appointed. When he wrote it accurately as Buffinton, without the "g," he did not mean the endorsement to be taken seriously.

## Media relations and news coverage

Although members of Congress would prefer to talk directly to their constituents and not have their words filtered through journalists, they depend on the news media for electoral survival. Junior and minority members, who have little control over the schedule or the agenda, especially regard communication as an essential tool for getting their ideas across to the public, their colleagues, and the administration.

The popularly elected House threw its doors open to the press on its first day of operation in 1789, but senators, at the time elected by state legislatures, had no gallery and met in secret until 1795. Neither the Continental Congress nor the Constitutional Convention was conducted in public, and nothing in the Constitution requires Congress to legislate in public, only to publish a journal of its proceedings. In 1841 the Senate set aside a row of seats above its presiding officer, reserving them as the first press gallery—sixty years before the White House designated a press room. Congress has remained the most open branch of the federal government. Members love to talk and serve as ready sources of information for the media. Yet because Congress speaks in many voices, it is usually at a disadvantage when dealing with the president, who can dominate the news.



A bronze plaque in the Capitol commemorates the inventor Samuel F. B. Morse's first demonstration of the telegraph there in 1844. A congressional appropriation enabled Morse to run wires from Washington to Baltimore. "What hath God wrought" was the first message he sent from Washington. "What is the news from Washington" Baltimore responded (telegraph messages contained no punctuation). The telegraph became a mainstay of congressional communication from then until 1990, when the last machines were removed, finally rendered obsolete by new electronic communications. Whatever the communications technology available, Congress has seized on it avidly. Television coverage of hearings made national stars out of some legislators, beginning with Senator Estes Kefauver (D-Tennessee), whose investigation into organized crime drew national audiences in 1951 and propelled him into a presidential race. The cameras built up and then demolished the reputation of Wisconsin Senator Joseph R. McCarthy. His anti-Communist investigations gave him abundant TV time, until the televised Army-McCarthy hearings in 1954 exposed his bullying tactics and led to his censure by the Senate. Washington-based Sunday morning news programs such as *Face the Nation* and *Meet the Press* regularly give air time to members of Congress, who relish the opportunity to address the nation and influence fellow congressional members who tune in. Senator John F. Kennedy (D-Massachusetts) stood among the first in Congress to predict that the new media would play a decisive role in presidential elections.



Not until 1979 did the House permit the televising of its debates, a service provided by C-SPAN (Cable-Satellite Public Affairs Network). House members attracted so much national attention that the Senate relented in 1986 and let the cameras into its chamber. The bright lights changed the ambiance of the chambers and encouraged members to address their remarks to the cameras. TV cameras also became regular fixtures at committee hearings, news briefings, and other congressional events. It became a truism that the most dangerous place to stand in the Capitol was between a member of Congress and a television camera. By the 1990s, the Internet added a new layer of digital electronic communication, encouraging every senator and representative to maintain a Web site.

More than five thousand journalists representing every form of news media, from news organizations across the nation and around the world, hold press credentials for the congressional press galleries, although only a few dozen of them use the Capitol

**4. Press conferences are part of daily life at the Capitol.**



press galleries on a daily basis. Despite Congress's courting of the press corps, its relationship with the media has been punctuated by members complaining of bias and misrepresentation, and by reporters protesting against politicians attempting to manipulate the news. No matter how much members may complain about news reporting, however, they recognize that media provides their best link to the general public. News coverage will affect their chances of passing legislation, of returning for another term, and of climbing to higher office. This awareness has made Congress the most accessible branch of government to reporters. "They think the good opinion of the press is important to their reelections, which dominates much of their thinking," the veteran Washington correspondent James Reston explained why Congress operated so much in the open; "consequently they see reporters and some of them even read us."

# Chapter 3
# In committee

Having won election to the House or Senate, new members immediately scramble for their committee assignments. Committees will shape their legislative careers, helping them create a record, attract media attention, and raise campaign funds. As soon as Nancy Pelosi came to the House in 1987, she campaigned for a seat on the Appropriations Committee, pressing her case with the Democratic leadership. The coveted seat eluded her until after she won reelection. Members sometimes grow attached to unwanted assignments. Lee Hamilton (D-Indiana) asked to be on the House Public Works Committee, but to his disappointment wound up on Foreign Affairs. Before long, Hamilton developed such a strong interest in foreign policy that he turned down a seat on the powerful Ways and Means Committee and went on to chair Foreign Affairs.

When Woodrow Wilson wrote his doctoral dissertation on *Congressional Government* in 1885, he memorably described Congress in session as Congress on public exhibition, whereas Congress in its committee rooms was Congress at work. Legislation is crafted more in committee than on the floor of either chamber. A seat on a committee therefore gives a member a greater chance of influencing legislation on that issue than those outside the committee. Members devote much of their attention to committee work, grilling witnesses and marking up (revising) bills.

Senators and representatives serve on multiple committees and subcommittees, which might meet simultaneously, forcing them to choose among them or to come and go between them (and rely more on committee staff). The legislative day divides members' attention between committees and floor actions. They might be hearing testimony on an urgent national matter when bells summon them to the chamber for a vote, forcing prominent witnesses to cool their heels in the interim. But no matter how chaotic and exhausting the schedules, committees remain the heart of the legislative process.

At the opening of a new Congress, the parties' steering committees give the new members their committee assignments, and some of the senior members shift to fill vacancies on more desirable committees. The number of seats on a committee available to each party is generally proportional to the party margins in the full chamber. Party conferences also set limits on the number of committees on which members can serve. Committees receive varying levels of operating funds to hire their own staff, with the majority party controlling the resources and sharing a portion with the minority.



The rules of the House and Senate define the jurisdiction of each committee, dividing the major issues of government between them. Committees are subdivided into subcommittees for further specialization, and they shoulder most of the work. Subcommittees cull through the many bills introduced, eliminate most, and focus on a few. Their staffs gather information to be used in hearings, which will call expert witnesses, attract media attention, and build a case for passing the legislation. Subcommittees then report to the full committee, which may hold its own hearings. The hearings of some of the "prestige committees" regularly make news, while others are more policy oriented and attract less public attention—their members having to be content with making legislation rather than headlines. Veterans advise newcomers to be workhorses rather than show horses, but ambitious freshmen still come to Congress with visions of serving on a high-profile committee, wanting one with "star appeal and political intrigue."

## Turning bills into laws

Legislation starts with the introduction of a bill (from the medieval "bulla," a document with a seal). Representatives drop bills into a hopper—a mahogany box on the Speaker's rostrum—while senators hand theirs to the clerks at the dais in their chamber. Clerks assign the bill a number, and the parliamentarians refer it to the appropriate committee, as spelled out in the rules. In the Senate, a bill will be referred to only one committee; in the House, all or portions of the same bill might be referred to multiple committees.



As a senator for ten years, Harry Truman concluded that a legislator's greatest accomplishment was preventing bad ideas from getting passed, and indeed most bills die in committee. Of the fourteen thousand bills introduced during the 110th Congress (2007–2009), only 3.3 percent were enacted into law. Some members have introduced hundreds of bills in a single Congress, with no expectation of getting them passed. Instead, they see them as a way to study ideas, to promote personal interests and ideological aspirations, to help a constituent or a contributor, or to advance an economic interest important to their state.

To distinguish major bills from the mass being introduced every year, members will reserve symbolic numbers such as S1 or HR1776. They also devise elaborate titles with headline-friendly acronyms such as the USA PATRIOT Act, which stands for Uniting and Strengthening America by Providing Appropriate Tools Required to Intercept and Obstruct Terrorism. Signature achievements of congressional careers are bills that become known by their names, usually linking the chief Senate and House sponsors, such as the Taft-Hartley Act or the Sarbanes-Oxley Act.

To increase the chances of their bills being taken seriously, proponents will seek cosponsors by sending out "Dear Colleague" letters. The more compelling the legislation, the more co-sponsors it will attract and the more likely it is to pass. The bill creating the Vietnam Veterans Memorial got all one hundred senators as co-sponsors, guaranteeing its passage.

After sorting through the pile of bills referred to them, the chairs of the standing committees and subcommittees will decide what to take up, and in what order. Becoming chairman used to be determined strictly by seniority. Once members got on to a committee they advanced up the ladder by their length of service, no matter how far they strayed from their party's core positions. This eliminated the potential for conflict in selecting chairmen in general. For much of the twentieth century, chairmen acted as barons who ruled their committees in styles ranging from despotic to democratic. They decided when the committee would meet, whether it would have subcommittees, what issues it would take up, and who would serve on its staff. By the 1970s, reforms in both the House and Senate reduced the independent powers of the committee chairs, rewarding party loyalty over seniority and giving other committee members the ability to force an issue on the agenda, as well as more say over the staff.

Committee chairs still retain clout, particularly since it is the "chairman's mark," or the draft of a bill, that usually forms the starting point for committee deliberations. Despite their reduced powers, Senator Ernest Hollings (D-South Carolina) cautioned against falling out of favor with the committee chairs: "If a senator has introduced a bill and he wants to see it move, you can pretty much count on the fact that if he really goes after the chairman on some other issue, he's not going to get what he wants on his own bill." The role of the ranking member of the minority party on the committee is more problematic. The chairman "drives the car and chooses the destination," explained

Senator Bob Kerrey (D-Nebraska). "The ranking [member] rides shotgun on a good day. On a bad day, he or she is in a carpool with the chairman's staff."

Both parties used to relegate new senators to minor committees, letting them get seasoned in the minors before bringing them up to the majors. As Senate Democratic leader, Lyndon Johnson began the practice of putting every freshman in his conference on at least one prestigious committee from the start. Most freshmen now either chair or serve as ranking minority member of a subcommittee. This gives newcomers the opportunity to develop their own legislative voice, stake a claim on an issue, and build a platform for their causes (not to mention making them grateful to the leaders who bestowed the assignments). Leaders reasoned that freshmen would have more time to devote to their subcommittees and would welcome the responsibility. Spreading chairmanships also improved the visibility of the parties' rising stars. But these efforts also frustrated the periodic attempt to reduce the proliferating number of competing committees and subcommittees.



As the congressional workload increased, so did the number of standing committees, those that continue from one Congress to the next. The Legislative Reorganization Act of 1946 cut the number of committees, consolidated jurisdictions, and tried to reduce the redundancy of government officials giving the same testimony before separate House and Senate committees by fostering joint committees. But the natural disinclination of the two bodies to work in tandem has limited joint committees to such housekeeping issues as government printing and overseeing the Library of Congress. That reorganization act also established the first professional staffs for congressional committees. Previously, clerical duties had been handled by a few clerks, patronage appointees who were often family members of the chairman. During World War II, for instance, the Senate Foreign

Relations Committee's entire staff consisted of a secretary, a clerk, and a part-time assistant. When the United States emerged from the war, Congress recognized that the growth and complexity of the government would require more professional staff assistance (by the end of the twentieth century the committee's staff had topped fifty).

The first professional committee staffs were nonpartisan, assigned to work equally for the majority and the minority, and did not change when control of the chamber shifted between the parties. The same staff member might write the committee report for a bill and a statement in opposition. This system collapsed in the 1970s, after minority members complained that the staffs tended to reflect the chairmen's interests rather than theirs. Committees were authorized to hire minority staffs, which by default converted the professional staff into the majority staff. Committee staff took on much of the preliminary work in drafting bills, carrying out negotiations, preparing questions for members to ask during hearings, and briefing them on the progress of the legislation.



Committees call expert witnesses to testify, and they can subpoena reluctant witnesses and punish the uncooperative by charging them with contempt of Congress, which carries the possibility of a fine or imprisonment. A few officials have been threatened with impeachment for failing to provide information that committees requested. Most agency heads testify willingly, however, since they are likely seeking support for their programs from the same committees. In questioning these witnesses, senior members go first, while juniors patiently wait their turn. Committee members and staff know that the choice of witnesses can shape the form of the debate and the legislation it produces. "[If] you get the right witnesses and ask the right questions and they give the right answers," commented one committee clerk, "your opposition is slaughtered before they can open their trap."

From the subcommittee, the bill goes to the full committee, where members will review and revise it, section by section, in a markup session. During markups, compromises are forged, new items are added, and some provisions disappear entirely. The committee then reports the marked-up bill to the full House or Senate, with an accompanying report that explains the bill's provisions. Hearings and reports will be published to create a record, Congress prints the largest share of what it does, and today places much of it online.

Most bills pass in a form close to the way they emerged from committee, demonstrating that committee members have the largest say about what goes into the legislation. Members from both parties are attracted to particular committees because of their personal interest in the issues they handle, or because those issues impact their home states. Consequently, deliberations in committee have a less partisan tone than on the floor. On the Senate floor, proposed amendments may try to improve or sabotage the bill, but often there is not much left to add by the time the bill leaves the committee. The advantage of a committee bill, produced by the "regular order," is that it has gone through an exacting review that has achieved some common ground through negotiation. One senator recalled a bill that consumed six "tough and laborious" days of committee markups, with fifty-nine amendments that strengthened the measure.

Sometimes, party leaders will bypass a standing committee by appointing a special task force to draft the legislation. This procedure allows members who are committed to some issue to maneuver around committee obstacles, particularly when a sizeable majority in the chamber thinks differently than the majority of a committee. In the Senate, the problem with evading the regular order is that the bill can be bombarded with divisive amendments that a standing committee might have worked through in markup sessions. Opponents of special task forces interpret the leadership as saying: "We have this legislation we want to shove down your throat."

## House committees

The committee system is firmly entrenched in Congress. In 1789 the House and Senate appointed ad hoc committees that dealt with single issues and then disbanded. As the larger body, and thus in need of greater organization, the House created its first standing committee in the First Congress. Over the next quarter century it added twenty-five more. The smaller Senate relied on ad hoc committees until the bungled War of 1812 left the Capitol building in ruins and convinced senators of the need for greater stability, continuity, and expertise.

The rules of each house lay out the jurisdictions of their committees, but some issues do not fit so neatly and thus overlap. Since the House can make multiple referrals of parts of the same bill to several committees, two or more committees may oversee the same agency and may issue contradictory directives. House committees will engage in turf wars with each other that require some bargaining to make peace. Both the Energy and Commerce and the Judiciary committees, for instance, claimed the right to handle legislation to deregulate the broadband Internet market in 2001, and their conflict stalled the legislation. The Speaker had to order the committee chairs to negotiate with each other until they reached a compromise.



The Constitution stipulates that all revenue bills must originate in the House (Article I, section 7), which the House has interpreted to include all bills that raise and spend federal funds. The Ways and Means Committee was established in 1795 to have charge of both revenue and expenditures, until those functions were split by the creation of a separate Appropriations Committee in 1865. The House has made Ways and Means an "exclusive committee," meaning that its members do not serve on other committees (the Rules and Appropriations committees similarly require exclusive service). In addition to taxes and tariffs, Ways and Means holds jurisdiction over Social Security and Medicare. Given such vast responsibilities, the parties have generally avoided appointing "bomb throwers" to the committee, trying to preserve an atmosphere of reasonable accommodation. Wilbur Mills (D-Arkansas), regarded as "the most powerful man in Washington" for his influence over tax policies during his chairmanship from 1957 to 1975, epitomized the committee's reputation for bipartisanship.

That image was shaken during the chairmanship of Bill Thomas (R-California). Having served for twenty-three years before becoming chairman, he grew impatient with the obstacles in the legislative process and those who invoked them. Wielding a heavy gavel, Chairman Thomas once summoned the Capitol police to eject minority members from a committee meeting. In 2006 Thomas insisted on bundling three separate tax initiatives into the same bill, which he called a "trifecta" (after the pari-mutuel bet that calls the first three horses in order). Senator Charles Grassely (R-Iowa), who chaired the Finance Committee, pointed out that the odds against "trifecta" bets were astronomical. Grassley calculated that the Senate would likely pass two of the tax measures, but not the third, and urged that they be voted on separately. Thomas prevailed in conference, but as Grassley predicted, the entire tax package went down to defeat, contributing to the charges of a "do-nothing" Congress.

## Senate committees

Congressional power in the Gilded Age of the late nineteenth century was concentrated in the committee chairmen of both the House and Senate. They occupied handsome committee rooms in the Capitol, outfitted with rolltop desks, plush leather chairs, chaise lounges, carved sideboards, Turkish rugs, and French beveled mirrors. The committee room served as a private office for the chairman, who could also hire a clerk. The importance of the legislation that a committee handled determined its room's proximity to the House and Senate chambers, with the "money" committees—Appropriations, Finance, and Ways and Means—situated closest to the chambers. In the Senate, most committees were sinecures that existed solely to give the chairman a room and a clerk, and never handled any legislation. A few sinecure committees even went to senior members of the minority party, indicating the shallowness of the majority's interest in the issue (one was the committee on woman suffrage). Not until the first congressional office building opened in 1908 and 1909 did all members get individual offices. After that, the Senate trimmed its seventy-five committees down to the twenty that actually handled legislation.

During the half century between the elections of 1932 and 1980, Senate Democrats held the majority in all but two Congresses, and southerners chaired the most influential committees. The one-party "Solid South" regularly reelected senators to allow them to gain seniority. More conservative than the national Democratic Party, they often stood as obstacles to liberal reforms—notably Representative Howard W. Smith (D-Virginia), who chaired the Rules Committee from 1955 to 1967, and Senator James Eastland (D-Mississippi), who chaired the Judiciary Committee from 1955 to 1977, both of whom tried to stymie civil rights legislation. Eastland's intransigence forced the Democratic leadership to bring civil rights legislation directly to the floor and bypass his committee. Chairman Eastland ran the full committee as a fiefdom, and just as feudal lords bound their vassals by mutual ties of service and protection, he was shrewd enough to grant its more liberal members relative autonomy within their subcommittees.



Senators, like representatives, are drawn to committees because of common interests. Members of the Agriculture Committee may represent wheat, corn, cotton, tobacco, sugar, or dairy producing states, but they share mutual concerns over farm subsidies, international trade, and emergency relief. Those who serve on the Armed Services Committee tend to favor a strong national defense, while those on the Senate Foreign Relations and House Foreign Affairs committees put greater faith in diplomacy.

**5. Senator Edward M. Kennedy (D-Massachusetts) chairs a hearing of the Senate Judiciary Committee. He is flanked by Senators Howard Metzenbaum (D-Ohio) and Strom Thurmond (R-South Carolina).**

Members of these committees may be little known outside of their home states and may devote themselves to legislative work rather than seek the national spotlight, trying to accomplish much with a minimum of disruption. Some committees are more polarized, notably the Judiciary Committee, when both parties appoint reliable ideological warriors who battle over the courts, constitutional amendments, and civil liberties. Senators once voted for qualified judicial nominations regardless of ideology, out of deference to the president, but over time the confirmation process developed into a battle of wills between presidents and the Senate, as the federal judiciary took a more active role in policy making by interpreting the laws beyond what some members of Congress believed they had intended.

Because senators serve on more committees than do representatives, they are more generalists than specialists—House members accuse senators of being willing to talk to the media about any subject. The difference between the two bodies becomes particularly evident when they meet in conference committees, where representatives may be better versed in legislative details and need to rely less on staff.

## Appropriations: where things happen

A freshman senator once asked Senator Richard Russell for help in getting appointed to the Armed Services Committee, which Russell chaired. Russell counseled against it, explaining that Congress was not like a state legislature, where the same committee authorized a program and approved the money to pay for it. In the Senate, after an authorizing committee held its hearings on an issue, the Appropriations Committee would hold its own hearing and then appropriate whatever it decided, more or less or nothing at all. "What you want is a seat on the Appropriations Committee," Russell advised, "where things happen."

The congressional power of the purse, covering all federal funds, is the central legislative function (Article I, section 9). Appropriations are made annually, and bills are due for the president's signature by October 1. Congress rarely meets this deadline, however, and often passes a continuing resolution (CR) to maintain spending at the previous year's levels. Although not the best way to fund government operations, since it does not meet changing needs, a CR at least buys Congress additional time. Congress will sometimes bundle appropriations bills into omnibus measures that combine funding for several agencies into one package, with something for everyone. Supplemental appropriations will also cover unexpected expenses, such as disaster relief.

Today, the largest part of the budget goes to such mandatory programs (called entitlements) as Social Security, Medicare, and veterans' pensions, and to defense spending. A smaller portion of the budget funds the rest of government programs and expenses. The standing committees can authorize new projects, but those projects cannot get under way until funds have been appropriated to pay for them. The early nineteenth-century House and Senate operated without Appropriations committees, but the authorizing committees naturally wanted to fund all of the projects they passed, making apparent the need for gate-keeping Appropriations committees. To better manage the process, Congress created the Budget Bureau (now the Office of Management and Budget) in 1921 and established Budget committees in 1975.

Early each year, after the president sends a budget to Congress, the nonpartisan Congressional Budget Office reviews it and prepares its own estimates of expenditures and revenues. The Budget committees then hold hearings, allowing the administration to make its case, along with a few outside witnesses. Their analysts scour the president's budget, line by line, make adjustments, and draft the budget resolution. The president typically threatens to veto anything that exceeds his budget requests. Members negotiate their differences in markup sessions, and the budget resolution they produce will serve as a blueprint of government finances for the coming year, calculating how much revenue will be taken in, the anticipated costs of entitlements, and the remaining levels of appropriations. If the budget resolution has not been passed by April 15, the Appropriation subcommittees can begin their work without a resolution, motivating the Budget committees to finish in time.



A provision in the Budget Act called reconciliation enabled the Budget committees to order other committees to reconcile their spending figures with the budget, whether tax bills, entitlement spending, or direct spending. Reconciliation provided a significant procedural breakthrough because it set a time limit on how long the budget bills could be debated, so they could not be filibustered in the Senate. Because of this provision, any changes in taxes or entitlements will usually appear under the title "Budget and Reconciliation Act of" a particular year. The House's rules restrict amendments, and senators are limited to fifty hours of debate. Even after the fifty hours, senators can continue to offer amendments, but they will have no time to debate them. To dispose of the abundance of amendments that are usually offered, the Senate holds "vote-a-ramas," taking one vote after another, throughout the day and into the night, unless the sponsors withdraw their amendments. Originally designed to reconcile differences between the congressional Budget and Appropriations committees, reconciliation's ability to dodge filibusters made it an attractive legislative tactic to push controversial legislation through the Senate. In 1981, Senate Republicans led by Howard Baker (R-Tennessee) employed reconciliation to enact President Ronald Reagan's massive tax cuts. Many senators objected, however, and the Senate later added a provision that measures passed by reconciliation could not increase the federal deficit.



The budget determines how much money the Appropriations committees can distribute. They divide that amount among their dozen subcommittees, which will each appropriate every penny of their allotment. Subcommittees oversee specific areas of federal spending—such as agriculture, defense, state and foreign operations, and energy—and enjoy such prestige and authority that their chairs have been dubbed the "cardinals" of Capitol Hill. Since it is hard for members outside the Appropriations Committee to add amendments, committee members are buttonholed on the House and Senate floor by those seeking funding for a pet project.

Appropriations subcommittees on the Senate side must wait for their House counterparts to act first, which gives the House Appropriations Committee a weightier role in the appropriations process. Its larger staff will draft the original bills and conference reports. Since senators can amend the spending priorities set by the House, they serve as a court of appeals for those agencies and private interests that feel that the House committee slighted them.

**6. The Senate and House pass their own versions of all appropriations bills and then meet in conference committee to resolve their differences, as seen in this conference in the 1970s.**



Senate subcommittees sometimes hold hearings and draft a bill first, but if the House feels that the Senate has overstepped its authority it will "blue slip" the appropriation. The House returns the Senate bill attached to a resolution of disapproval that is printed on a blue slip of paper, hence the expression. On other occasions, the House finds it expedient to look the other way. When facing massive budget deficits in 1982, for instance, the Senate hiked taxes significantly by amending a revenue bill in which the House had actually lowered taxes.

In both bodies, the rules prohibit members from trying to legislate on an appropriations bill, that is, authorizing new programs on bills that appropriate the money to fund them. This has not stopped senators from seeking to inject legislative goals into the popular "must-pass" appropriations. When the presiding officer ruled one such amendment out of order, its sponsor appealed and a majority vote overturned the ruling. For the next four years, that precedent allowed senators to legislate on appropriations bills, in spite of the prohibition against it in the rules. Majority Leader Trent Lott (R-Mississippi) finally arranged another vote to overturn the precedent and return to the rules. "I learned painfully what a mistake that was," Lott explained. "We should not be legislating on appropriations bills."

The Senate invariably amends House appropriations, requiring a conference committee to resolve the differences. The House Appropriations Committee expects all of its conferees to participate, whereas senators, other than the chair and ranking minority member, usually come and go. The large House contingent can exert an element of intimidation, but the senators can simply say: "This is the Senate's position. We're not yielding." Without some accommodation, the bill will not pass.

The House will then vote on the conference report, accepting it, rejecting it, or recommitting it to the conference for further consideration. Once the House adopts the measure, the conference committee is disbanded, and the Senate must either accept or reject the report. Once passed, the appropriations bill goes to the president, who has ten days to sign or veto it. If vetoed, it returns to Congress, which can revise it or attempt an override. Vetoing appropriations is a tricky business, since these thick bills will contain items that are high on the president's list of priorities. But since members of Congress also have a large stake in the bill, they will also be under pressure to meet the president's objections.

The appropriations process at times resembles a game of chicken, with the president and Congress driving head on toward each other, to see who swerves first. In 1995, President Bill Clinton vetoed several appropriations bills. The Republican majority in Congress could have passed a continuing resolution for continuity of government operations under the previous spending levels but chose instead to let the federal government shut down for lack of funds. The majority believed that the public would blame the president. To their surprise, the public disapproved the disruption of government services and faulted Congress instead.

Appropriations bills can provide a lump sum of operating funds to an agency or can instruct the agency exactly how to spend the money, by specific requests that have come to be known as earmarks. Earmarking has fallen into general disfavor, because of the lobbying surrounding them, but many members defend the practice on the grounds that the people's elected representatives, rather than bureaucrats, should determine federal spending. Initially, earmarks went mostly to research projects at universities. Between 1996 and 2006, however, the number of earmarks jumped from three thousand to thirteen thousand a session. Mayors began imploring their home-state delegations for federal funds for roads, sewerage treatment plants, harbor dredging, and environmental projects that were not high on the executive branch's list of objectives. Other earmarks reflected backdoor requests from executive branch agencies whose budget initiatives had been rejected by the Office of Management and Budget. Divided government fanned the practice when Congress became distrustful of the administration's spending priorities, particularly in the areas of defense and intelligence. But even after the majority and the president came from the same party, earmarks grew at a fast pace. Excesses drew public attention, symbolized by a $223 million appropriation in 2005 for a "bridge to nowhere" between two sparsely populated Alaskan communities.



Lobbyists saw earmarks as the most direct way of satisfying their clients' needs and worked to convince members of Congress of the value of the projects and the boost they would give their chances of reelection. Lobbyists who solicited earmarks also raised campaign funds, leaving the impression of a conflict of interest. After influence-peddling scandals surfaced in 2006, revealing that several members and staff had accepted favors in return for promoting earmarks, the practice became publicly equated with unsavory political machinations. Yet, public opinion on earmarks has been contradictory, with voters still expecting their own members to "bring home the bacon." One representative who issued a statement announcing that he had secured millions of federal dollars for projects in his district felt compelled to add: "There is a lot of talk about earmarks lately, and while I do not support wasteful spending, I do believe that members of Congress have better judgment as to the needs of their districts than some bureaucrat in Washington, D.C."

When he was a senator, John F. Kennedy chaired a committee to choose five outstanding U.S. senators to have their portraits displayed in the Reception Room outside the Senate chamber. As the top criteria, Kennedy cited acts of statesmanship that transcended state and party lines. This ideal seems the very opposite of "pork," and yet one of the five outstanding senators selected was Henry Clay (the others were Daniel Webster, John C. Calhoun, Robert La Follette [R-Wisconsin], and Robert Taft [R-Ohio]). During the antebellum period, Clay had promoted nationalism through federal support for such "internal improvements" as road building, canal digging, and harbor dredging. Clay's program built political coalitions in Congress while at the same time it sought to link the states in a national transportation network. Funding local projects has continued to be an essential ingredient in decision making within such a diverse democratic institution as Congress. More than a century later, Representative Bud Schuster (R-Pennsylvania) chaired the House Transportation and Infrastructure Committee, which produced legislation on highway and airport construction across the country. Schuster encouraged the expansion of his committee to seventy-five members—the largest in the House—reasoning that the more members who had a project in a bill, the more votes it would get on the floor. When his critics called spending on public works in someone else's back yard a pork barrel project, Schuster rebutted: "The one thing Congress is doing, over their objections, is building assets for the future of our country."

# Chapter 4
# On the floor

Following a decade in the House, Paul Simon (D-Illinois) won election to the Senate, whose differences in operation suited him perfectly. He regarded the House as the more committee-driven body, where members were discouraged from proposing bills outside the jurisdictions of the committees on which they served. His efforts to sponsor legislation beyond his own committees had usually been met with a dismissive, "We're looking into that," by the other committees' chairmen. By contrast, there were virtually no limitations on the subject of amendments a senator could offer to any bill being debated. With his wide range of interests, Simon could now "stick my toe into a number of bodies of water."

The differences between what happens on the floor of the more structured House and individualistic Senate are therefore critical for understanding the legislative process, and yet the visitors to the galleries of both chambers often come away baffled by what they have witnessed. They may see a speaker addressing an almost empty chamber as if surrounded by attentive colleagues, or nothing at all may be going on during a seemingly endless quorum call. The floor managers and opponents of a bill may be using impenetrable parliamentary language. Those who had hoped to hear a modern-day Daniel Webster will usually be disappointed, but occasionally a real debate will break out between opposing sides that know the subject intimately and dispute each other passionately. Then when the bells ring, the floor will become a kaleidoscope of activity, with members swirling in and out of different doors, casting votes and clustering together in small groups to swap stories or try to cut a deal.

Amid the oratory and activity that takes place on the floor, intricate legislative strategies are being tailored to aid a bill's enactment. Opposing sides will tap a range of parliamentary tactics to advance or derail the bill. Since party discipline has been historically difficult to enforce in Congress, bipartisan coalitions will be constructed around major bills, with each party seeking to pick off dissidents in the other, making the outcome of many legislative battles unpredictable.

## Debate, rules, and procedure



The floor proceedings in the House and Senate are a mix of procedure, policy, politics, personality, and posturing. Each day's session opens with a period of "morning business" when members make short speeches (one minute in the House, up to an hour in the Senate) on anything they wish, without rebuttal. After morning business the chambers take up legislation, and the debate can grow fiery, although the strict time limits in the House and the rules and traditions of the Senate generally preserve decorum. They may deliver their remarks to a largely empty chamber, or colloquies can take place between supporters or opponents on an issue. Reporters of debate record their words for publication in the next day's *Congressional Record*, defining a "true statesman" as someone who hands them a prepared text in advance.

In debate, the House maintains a five-minute rule limiting how long members can speak, although after it adjourns some members return under "special orders" to deliver lengthy speeches, where they "debate" an issue without the other side being present. Although they are not legislative sessions, special orders are still reported in the *Congressional Record* and broadcast over C-SPAN, and they can help members hone their talking points and obtain publicity. Before the cameras were installed in 1979, House members built their reputations largely in the committee rooms, but television allows them to address viewers across the nation. One representative who made frequent use of special orders noted that whenever he went on camera "the phones in my office would light up." Television particularly helps mavericks and minority parties that may lack the votes in Congress to enact their programs but can make a case for their alternatives to a national audience.

During his short stay in the Senate, Barack Obama (D-Illinois) spent little time on the Senate floor, rushing in primarily to cast a vote and then leaving for other pressing business. On those occasions when he presided, there would usually be only a single senator on the floor speaking to a nearly empty chamber. "In the world's greatest deliberative body," he noted, "no one is listening." Modern debate may not reach the heights of Daniel Webster and Henry Clay, and stump speaking went out long ago, but floor strategies depend more on votes than oratory. Gadflies who relish making sarcastic attacks in debate while in the minority will switch to pacifying, flattering, and trading with other members to support their bills once they get into the majority. Some of the most productive legislators rarely speak out. If they have the votes, they don't need a speech, they assume; if they need the speech, they don't have the votes. Occasionally, a speech may affect a bill's chances. Senator Harry Reid recalled that when he gave his maiden speech, proposing a taxpayers' bill of rights (a bill that he had never been able to get out of subcommittee while a member of the House), both the presiding officer and the senator waiting to speak next happened to be members of the Senate Finance Committee, which had jurisdiction over taxes. They heard him and agreed to help his bill. It passed, he commented, "not because of my ability to communicate as much as who was listening."

Congress does more business in public view than either of the other branches, and it publishes most of it as well, in hearing transcripts, reports, and other Senate and House documents. Almost everything that the members say, and some things that they did not say, appears in the next day's *Congressional Record.* The Constitution does not require Congress to do its business in public or to publish its entire proceedings, only to publish a journal "from time to time." The House and Senate keep journals of their proceedings that are summaries of the day's activities. These are different from the *Congressional Record,* which evolved from notes taken by early newspaper reporters for publication in their papers that were later compiled as the *Annals of Debate, Register of Debate,* and the *Congressional Globe.* Congress did not hire official reporters of debate until the 1840s, and the Government Printing Office did not begin publishing the *Congressional Record* until 1872. The daily *Record* is a grab bag of information that includes not only the text of bills, and speeches about them, but editorials, eulogies, commencement addresses, letters from constituents, and a host of other items that members insert to show what they are reading and thinking.



Among the handful of members in either chamber at any given time, waiting their turn to speak, one has been tapped by the Speaker or the president pro tem to preside on a rotating basis. Some regard it as an onerous duty, but presiding is the best means for members to familiarize themselves with the proceedings and the rules. They can also earn some chits with their colleagues by agreeing to preside for them. The greenest presiding officer need only follow the advice (and repeat aloud the words the parliamentarian has whispered), but when the proceedings turn contentious, more experienced members will take the chair.

The House and Senate parliamentarians must master not only the formal rules but thousands of precedents as well. Knowledgeable, impartial, and discreet, parliamentarians offer information to both sides in a debate, and they avoid divulging confidences from one side to the other by answering *only* the questions they are asked. The House is more structured in its procedure than the Senate, but both bodies can relax or even suspend their rules. The House does this by shifting into a "committee of the whole," where looser rules expedite business (the Senate operates as a committee of the whole only as a court of impeachment). The Senate instead uses unanimous consent requests to relax or suspend its rules. Eugene J. McCarthy (D-Minnesota), who served in both bodies, took a cynical attitude toward their rules and procedures, and advised new members against spending much time trying to learn them. "The Senate rules are simple enough to learn, but they are seldom honored in practice," McCarthy observed. "House rules are too complicated. Use the parliamentarian."

## Majority rule in the House



It is when the majority leader calls a major bill off the legislative calendar (the list of bills reported from committee and ready to be debated and voted on) that the House and the Senate operate most differently. In the House, the bill goes first to the Rules Committee, which is firmly under the control of the majority party and which will draft a resolution known as a special rule, or special order of business, that sets the number and type of amendments to be offered on the floor and the time allotted for debate. Once the House has passed the special rule by majority vote, the majority leader knows that so long as the majority remains united, it will have the votes to pass the legislation. The minority can do little other than try to bait the majority. "There are times, I can tell my colleagues without any reservation, when I wish I were the Speaker of the House," a Senate majority leader said wistfully. "The Speaker of the House doesn't have to worry about the minority, they run over everybody."

Given its size and inherent unwieldiness, the House does not permit filibusters and other delaying tactics. Its rules make it easier to shut off debate and force a vote. Majority parties in

**7. The House chamber, the larger of the two, hosts joint sessions of the House and Senate.**



the House have adopted various strategies, from allowing a large number of amendments (to accommodate divisions in the party) to restricting the number that can be debated (to force party unity). Whenever a party has held a large majority, it has not been unusual for the House to debate many amendments on major bills, such as defense authorizations. "It was easy to be magnanimous and allow minority amendments with a sizeable majority that doomed them," noted one House staffer. But narrower margins make the outcome uncertain, causing the majority party to restrict efforts to offer amendments.

"Saving" amendments may be introduced if the bill is in trouble and needs help. In 1968, Representative Charles Mathias (R-Maryland) supported an open housing bill that banned racial discrimination in selling and renting homes. He offered a "saving amendment" that weakened one section of the bill in order to prevent its opponents from defeating it entirely. By contrast, "killer" amendments are designed to scare off support by making the bill unpalatable. Killer amendments can backfire, however, as when Representative Howard Smith, a segregationist, sought to defeat the Civil Rights Act of 1964 by adding a provision for equal rights for women. Liberals worried that the amendment would undermine support for the bill as a whole, but accepted it, and the landmark women's rights provisions became law. When congratulated on its passage, a chagrined Smith replied, "Well, of course, you know, I offered it as a joke."

The opposition may introduce an amendment that is unrelated to the subject of the bill, just to provoke a fight. If the chair rules the amendment out of order, the opponents can make a motion to overrule the chair, setting up a further vote to table the appeal. Even though the minority knows it will lose, it can force vulnerable members from swing districts to go on record on issues that might jeopardize their reelections, even when voting on procedural rather than substantive motions. Amendments dealing with taxes, for instance, can produce negative ads in the next election.



The House Rules Committee may add a "self-executing" amendment to the bill, replacing provisions from the original bill with its own ideas. The Rules Committee will then stipulate that its amendment will be adopted as soon as the House votes for the special rule calling the bill for debate. This procedure was originally used to make technical corrections to a bill, but over time the majority leadership has invoked it to circumvent the committees and make substantive changes in the legislation.

Generally speaking, the majority will not do anything to help the minority; however, when House Republicans returned to power in 1995, they did away with a provision that had irked them during their four decades in the minority. They prohibited the Rules Committee from reporting any special rule that denied the minority the chance to make a "motion to recommit with instructions." This procedural motion allowed opponents to delay a bill by sending it back to committee. Since a motion to recommit could be amended, it also gave the minority an opportunity to offer amendments on the floor. Returning a bill to committee did not necessarily kill it (the committee could report it out again), but since the bill had already consumed precious time on the floor, the majority leader would probably not be anxious to call it back up.

But having handed their opponents a weapon, in the motion to recommit, the majority party still had ways of disarming the minority. Republican majority leaders instructed their conference members to vote against Democratic motions to recommit, no matter what the issue. Such party unity was less common in the Democratic conference, so when Democrats returned to the majority, they rewrote the rules to limit the use of motions to recommit. The majority can also counter the minority's motions by bringing up a bill under a "suspension of the rules," a procedural matter to expedite business on such noncontroversial matters as naming a post office, and which requires a two-thirds vote to pass. Calling up a major bill on the suspension calendar is therefore a gamble, likely to lead to defeat. Even so, since suspension bills cannot be amended, the maneuver prevents members of the minority from offering amendments that could embarrass the majority. The majority thus protects itself, although it may not have advanced its legislative agenda.



Votes may pit members' party loyalty against their popularity at home. Party leaders know that it is self-defeating to ask members to commit political suicide, and they grant leeway in matters of state interest. But every vote can be critical. "Jeez, Tip, that's a hard one," Joe Moakley (D-Massachusetts) once demurred when his colleague Speaker Thomas P. "Tip" O'Neill (D-Massachusetts) pressed for his support on a critical vote in the House Rules Committee. "Hey, Josie," O'Neill replied, "I don't need you on the easy ones."

The House majority usually prevails, but not always. On some occasions, the Speaker and majority leader have felt pressure to let bills that they oppose go to the floor for a vote. After President George W. Bush vetoed an Iraq war spending bill that included a timetable for withdrawing American troops, Speaker Nancy Pelosi, who supported a timetable, allowed a vote on a revised bill without one because she knew the majority lacked the two-thirds vote needed to override the presidential veto. To make the bill more palatable to their conference, Democratic leaders added other measures, including raising the minimum wage and providing disaster relief for Hurricane Katrina victims. This version passed and got the president's signature.

The House is famous for the rough and tumble of its floor proceedings, and some fierce battles have been fought there throughout history. Political scientists who have studied the proceedings note that while comity and cooperation would always be welcome, real legislative achievement has come through political stamina and persistence. Representatives argue that conflict is an integral part of governing, that their differences of opinion reflect the diversity of views in the country, and that even angry debate can produce legislation and reform. "Many observers think our zeal and partisanship too childish, that much too often we disingenuously posture for partisan gain," Sherrod Brown (D-Ohio) commented on his House service. "But these displays of passion and anger, and even the barbs, are rhetorical outlets for those same deeply held beliefs." After all, members got to Congress by waging campaigns in which they were targets of attack from opponents and editorial writers. Usually, they are well equipped to handle themselves in legislative battle on the House floor.



## Minority muscle in the Senate

Representatives who get elected to the Senate need to forget most of what they learned about the rules of the House, since the two operate so differently. There is little compulsion in the Senate, whose schedule and procedures are whatever the leadership can work out. The Senate is more courtly and deliberate in its pace of business, and more accommodating of each of its members, doing the bulk of its business by unanimous consent. That means that a single member can hold up business in the Senate, making it a personality-driven institution. House leaders frequently call on their Senate counterparts to show some backbone and stand up to the opposition, but Senate leaders respond that they simply do not have the same legislative and procedural strength and power as the House.

The Senate requires a quorum of 51 percent of its members in order to do business, but there are usually few senators on the floor, except during a vote. A quorum is always assumed to be present, unless a senator calls attention to the absence of a quorum as a delaying tactic. A majority is then needed to establish a quorum so the proceedings can continue. Bells are rung to summon the senators to answer the roll. On occasion, senators have deliberately avoided going to the chamber in order, to keep the majority from acting. The majority leader can then instruct the sergeant at arms to "arrest" the absent members and escort them to the chamber, even carry them in physically. Most of the time, however, quorum calls are simply a device to keep the chamber in session while a compromise amendment is being drafted in the cloakrooms, or when the next scheduled speaker is late arriving, a procedure that is less cumbersome than a formal recess.



Senators sit at assigned desks in the chamber. Each morning a squad of high-school-age pages neatly stack on each senator's desk the previous day's *Congressional Record* and the most recent executive calendar (listing upcoming nominations and treaties) and legislative calendar (the "Calendar of Business" that lists pending bills and resolutions), along with bills to be debated that day or the conference report. This neatness can be deceiving, since the proceedings will be anything but orderly. The Senate passes hundreds of bills over the year but debates only a few dozen of them. The vast majority of bills and resolutions pass by unanimous consent agreements or voice votes, without protracted debate and roll calls. Agreements are worked out in the committees and cloakrooms, narrowing the areas of contention requiring floor fights. But many votes will still be held, requiring the party leaders to stay close by at all times. Senator Mitch McConnell (R-Kentucky), who served as whip and floor leader, emphasized the importance of spending time on the floor and being there when "you've got a tough, close vote." Among the senators filing into the chamber, some of them may be urged to vote one way by their staffs but will remain open to reason from their party leaders.

Unlike the House, whose Rules Committee determines the fate of major bills on the House floor, the Senate Rules and Administration Committee assigns office space and parking space, valuable commodities that have little to do with moving legislation. Without the benefit of the special rules enjoyed by their House counterparts, Senate leaders have relied instead on unanimous consent (UC) agreements. A UC might cover such routine business as asking that a speech be printed in the *Congressional Record* as if it had been delivered in full, or it might define how long a bill is debated and how it is amended. A UC can also pass an entire bill, without debate or a roll-call vote. The more complex agreements are painstakingly constructed in negotiations between the party floor leaders and once adopted can be changed only by unanimous consent.



The Senate now does the bulk of its business by unanimous consent. Such agreements can suspend the regular rules to save time. For instance, the Senate has a rule requiring that a bill have three readings before passage, which is routinely suspended by UC, unless a senator wants to delay action and objects, forcing the clerks to spend hours reading hundreds of pages of text aloud. The UC helps the leadership move legislation while simultaneously empowering every senator, any one of whom can stand and say "I object." The leadership will then try to determine

8. This cartoon, which appeared in *Puck* on October 18, 1893, spoofed the Senate's tradition of unlimited debate, indicating that excessive oratory might not be persuasive.

the cause of the objection (which may or may not have anything to do with the matter being considered) and decide whether they can meet it.

The flip side of the UC is the "hold." Senators privately inform their party leaders that they are placing a hold on a bill or nomination. The majority leader will then not call up the matter for consideration until the hold has been lifted. Nowhere do the Senate rules authorize holds, but the practice has been honored because party leaders, not wanting to be blindsided, want to know if someone plans to object to a UC. Members may lift holds if their objections are met, or the majority leader may wait until the end of a session and let it be known that all holds are off, to test whether the objections have faded.



A single senator can thwart the will of the Senate, the House, and the president. On the last night before the summer recess in 1988, the Senate debated a bill to repeal the law that separated banks from stock brokerages. Both houses had passed the bill overwhelmingly, but not in the same form. A conference report resolved the differences, and the House approved it. When the Senate finally took it up, the chairman of the Senate Banking Committee asked for unanimous consent to dispense with the lengthy reading of the bill. A lone dissenter, Alphonse D'Amato (R-New York), objected, repeatedly. "The senator has something wrong with his hearing," he said after another unanimous consent agreement had been requested. "I object. If you want me to do it louder, I will do it louder." Since most of the senators had already departed for home, leaving only the committee members behind, there was no way to adopt the conference report by roll call, and D'Amato made unanimous consent impossible. So the Senate adjourned without passing the bill.

Because votes in the Senate are often close, accompanied by intense courting of the last undecided votes on controversial issue, fence sitters wield considerable leverage in dealing with the bill's managers. Senators are courted by local interests, lobbyists, administration liaisons, and others who seek their help and their vote. More than one majority leader has compared trying to lead a body of such strong individuals to herding cats. Senate rules assign few specific powers to the majority leader. Lyndon Johnson (D-Texas) once commented that he had only the power of persuasion to reply upon. Other leaders have described the Senate as a "complex web of relationships" among a hundred individuals from different states, different experiences, and different points of view.

Since 1975, when cloture was reduced from two-thirds to three-fifths of the Senate (sixty of the one hundred senators), majority leaders have increasingly filed cloture motions to limit debate as soon as they call up major bills. The majority leader makes a motion to proceed to a bill, and because that motion is debatable, the leader immediately files a cloture motion. Achieving cloture demonstrates that the Senate is serious about the bill and will pass some form of it. If the cloture motion fails, the majority leader will take up another issue for the time being.

With senators commuting to their home states each weekend, the legislative work week has been reduced to Tuesday through Thursday. The condensed time to get anything done has made the threat of filibuster more potent. Instead of the old-fashioned way of senators doing a lot of talking, the filibuster has become a silent tool for the minority and has become a regular occurrence rather than a weapon of last resort. "The cost of a filibuster today is very cheap," commented Senator Arlen Specter. "All you have to do is say: I am going to filibuster. Then there is a cloture vote, and sixty votes are not obtained, and the issue goes away." For all its headaches, the sixty-vote requirement to do business forces compromise and bipartisanship. To get anything of consequence done, senators must reach across party lines and attract broad support that spans party, region, and ideology.

In the 1970s, Senator Jesse Helms (R-North Carolina) pioneered the tactic of repeatedly proposing controversial amendments and demanding roll-call votes, even though his side would likely lose. The conservative Helms aimed to put liberal lawmakers on record on such social issues as AIDS funding, abortion, court-ordered school busing, and federal financing of the sometimes tasteless arts. "I wanted senators to take stands and do it publicly. I was willing to leave it to their constituents to decide what would happen next," Helms said, defending his actions. "When senators had to run on their record instead of their rhetoric, things really began to change."

To counteract such tactics, majority leaders have resorted to "filling the amendment tree." Normally, senators lose the floor as soon as they file an amendment, but under the "right of first recognition" the majority leader is always called on before anyone else. Therefore the majority leader can file an amendment and immediately seek recognition to add an amendment to the amendment (known as a "second-degree amendment"), and keep on filing amendments. Until the Senate votes on these amendments, no other amendments will be in order. A diagram of how such amendments branch out resembles a tree, so they are called "amendment trees." The objective is to prevent opponents of the bill from securing the first vote on an amendment of their choosing, perhaps something that would create political problems for the majority or would significantly alter the bill.

Minority members protest that filling the amendment tree precludes meaningful debate. They can no longer simply come to the floor and offer amendments. One senator tried to interest the press in his resolution banning senators from offering a second-degree amendment to their own amendments. Reporters in the press gallery had to advise him that no story was likely to appear because "it couldn't be explained to anybody beyond the Beltway."

## Making laws and making sausage

"Laws are like sausages," goes an old saying. "It is better not to see them being made." A mix of persuasion, pressure, and bargaining will be ground into every bill that becomes law. Managing legislation through to enactment involves finding something to offer to as many members as possible. On those where they have little stake, members may trade votes, supporting someone else's pet project in return for a promise of support on theirs, a practice called logrolling. Members will feel pressure from the president, their party, their constituents, and lobbyists on how to vote. Some will not make up their minds until the last minute, on the way to cast their vote. They have compared this situation to a "seminar on the run," as they try to determine how to vote from notes stuffed in their pockets, briefing books, whispers from staff, hurried briefings from colleagues, and last-minute calls from the White House.

The number of roll-call votes has accelerated. In 1953, the first year of the Eisenhower administration, the House held 71 recorded votes, and the Senate 89. By 1999, recorded votes in the House had risen to 611 and in the Senate to 374, reflecting changes in procedures that made it easier to offer amendments and gain recorded votes.

Anxious to know the probable outcome of a vote, party leaders deploy their whips to serve as "head counters." In the House, deputy and regional whips will determine how members are leaning and then stand in the doorways to the chamber to encourage members to vote with the party. "If you really are a good vote-counter, you don't let something come up that you can't win," said a former House majority whip, Tony Coelho (D-California). Good vote-counters save information about the members and use it to trade, cajole, lean on, and threaten them. Torn between their desire to stand with their party and "vote their district," members can be deliberately unclear about their intentions. Unless vote-counters are good at recognizing body language, they may mistakenly put down a yes vote for someone who may be undecided or even a "no."

Vote counters warn that it is dangerous to assume anyone's support. Party, ideology, and personal factors may influence a member's vote. Once, Senator Roman Hruska (R-Nebraska) took it for granted that Barry Goldwater (R-Arizona), a fellow conservative, would support the voting rights bill he was sponsoring, without realizing that Goldwater had placed an amendment on the liberal alternative version of the bill. Stunned when Goldwater voted against him, Hruska rushed over to demand an explanation. "I've got an amendment in that bill," Goldwater explained, "and I'm not going to vote against my own amendment."



It generally takes fifteen to twenty minutes for the Senate and House to vote. During that time, members can switch their votes, leading to some intense appeals from anxious party leaders and colleagues if the vote is especially close. Or the leadership may hold some votes in reserve and free them to make a more politically expedient vote once it becomes clear that the measure will pass without them. In the Senate, the legislative clerk reads aloud those who voted in the affirmative and negative, and hands the final tally to the presiding officer to declare the measure passed or failed. In the House, with its electronic voting, votes have sometimes changed on the scoreboard after the presiding officer has gaveled the vote to a close. In fact, the sound of the gavel hitting the desk does not signal the official end of a vote. No House vote is official until the presiding officer announces the results of the voting sheets prepared by tally clerks.

Even after both houses have passed the bill, the process is not over. If the two versions differ, one body must accept the other's changes, or else they will hold further negotiations in a conference committee. The variations may be staggering. The farm bill that the House passed on July 27, 2007, for instance, was 160 pages long. The version that the Senate passed on December 14 was 1,876 pages. It took months of additional dickering to reconcile the two.

After one house has voted on a bill, those interests that are dissatisfied with that version will appeal to the other house, seeking specific changes. If the second body incorporates these changes into its bill, it gains broader support. Consequently, when House and Senate conferees meet to iron out their differences, the final bill will more closely resemble the second version.

The legislative strategy between the two houses sometimes requires a face-saving distraction. In the early 1950s, the Senate repeatedly passed legislation for federal aid to education that did not clear the House. Then in 1958, the Soviet Union shocked Congress and the public by launching the first Earth satellite, *Sputnik*. In response, the Senate renamed its bill the National Defense Education Act, emphasizing science education to help Americans catch up with the Soviets. The bill still faced skepticism in the House, so the chairman of the House subcommittee on education, Carl Elliot (D-Alabama) framed the debate in the House in terms of awarding the scholarships as loans, whereas the Senate had advocated making them grants. House members denounced grants as a form of socialism. "And the minute the damn scholarship issue was done for, dead, the bill swooped through," noted Stewart McClure, chief clerk of the Senate's education committee. "I don't think anybody had read any other title in it."

Both houses will calculate how far to go on a bill, assuming that the other body will head in the opposite direction, so they can split the difference. Seeking an immigration bill on which to campaign in 2006, House Republicans advocated a combination of securing U.S. borders against illegal immigrants and not granting amnesty to those already in the country. "Our strategy then was to pass a strong border security bill in the House, knowing the Senate would do what the Senate does and weaken it by passing a more 'comprehensive' bill," the Republican majority leader, Tom DeLay, later explained. "The subsequent conference committee would have produced a strong border security bill with some sort of limited guest worker program, something for everyone, including the president." Since the House majority can control its floor proceedings more than in the Senate, the House conferees anticipated they would be in a stronger position to dictate the terms of the final bill than their Senate counterparts. But getting a bill through the Senate required more bipartisan cooperation, and the unyielding opposition of some members to amnesty sank the bill in the Senate, a major defeat for immigration reform advocates that reverberated in the fall elections.



Serving on fewer committees, representatives often become experts in the legislation handled by those committees. In conference, they can demonstrate their knowledge of the bill, line by line. Senators, who serve on more committees, will likely have relied more on their staff to do the preliminary work on the bill and are not always vested in the compromises that shaped it, which sometimes puts them at a disadvantage in conference. The House requires all of its conferees to attend, whereas senators will attend according to their interests. A few senators, usually the chair and ranking minority members, may face a phalanx of representatives. But the senators equalize the relationship by carrying the proxy votes of their absent colleagues, and by advising the House conferees that certain provisions will never pass the Senate and will therefore kill the bill. Provisions appear and disappear in conference. Members who have shepherded a favored objective through the arduous legislative process are often frustrated to see it dropped when the conference committee tries to reconcile the larger bill's differences. Meanwhile, items that never appeared in either house's bill, or were the subject of any hearings or debate, can be inserted into the conference report.

At times the majority party may attempt to shut the minority out of conference decisions. Although the Constitution does not require that congressional business be conducted in public, the House and Senate have adopted "sunshine" reforms that require holding open committee meetings. To get around these, the conference might convene a single public session, little more than a "photo op," and then hold no other formal meetings. The majority simply needs the signatures of a majority of the conferees on the conference report. Sometimes the majority does not even invite members of the minority to participate in the conference, although this strategy, which works in the majority-rule House, can backfire in the Senate, where the minority can block passage of the conference report.

If the same party controls both the House and Senate, the joint leadership can bypass conference committees and negotiate a settlement directly between them. One house will amend the other's bill by substituting the entire language of the bill and sending it back for approval. The second house can either concur by accepting the amendment, or it can pass its own amendment and send it back. This "ping-pong" approach bounces amendments back and forth until both houses have reached an agreement on a common bill. By avoiding a conference, the majority can exclude the minority from the discussion and reduce the ability of its own mavericks to side with the minority. The amendment procedure is also used when only minor adjustments to the bill are needed, making a conference unnecessary.



Once the conference reports its compromises, each house must pass the conference version up or down, without amendments. Otherwise, the bill goes back to conference or dies.

Having survived all this, a bill can still be vetoed by the president. If Congress adjourns within ten days of sending the law to the president, the bill can simply die without the president's signature, and there is no opportunity for Congress to respond (this is known as a "pocket veto"). If Congress remains in session, however, a two-thirds vote in both chambers can override a veto. The two-thirds requirement makes vetoes hard to overturn, and just the possibility of a veto can persuade Congress to change a bill to the president's liking. Passing any bill requires agreement among "all the relevant players," House majority leader Steny Hoyer (D-Maryland) explained, "among which the president with his veto pen is a very relevant player." To forestall vetoes, Congress may pack together items the president wants and dislikes. The president must veto the entire bill, lacking the power to veto sections of a bill rather than it entirety. In 1996, Congress gave the president a "line-item veto" on appropriations to reduce federal spending, but the Supreme Court struck it down as unconstitutional. Since the Reagan administration, modern presidents have increasingly employed "signing statements" as the equivalent of a line-item veto. Presidents sign legislation as a whole while reinterpreting and attempting to modify parts to suit their purposes. The federal courts have not yet ruled on the constitutionality of such statements.



The first president to wield a veto pen forcefully was Andrew Jackson, a Democrat who vetoed twelve bills during his administration, from 1829 to 1837, most notably his veto of rechartering the Bank of the United States. The opposition Whig Party was unable to overturn any of his vetoes. Jackson viewed himself as the representative of the entire people and therefore more competent than individual members of Congress to judge the public will. His successors have frequently adopted veto strategies that pitted them against Congress. Those presidents facing opposition majorities in Congress generally view vetoes as acts of courage that show their willingness to stand firm on matters of principle. Gerald Ford (R-Michigan) had been the Republican leader in the House, but after he became president in 1974 he set himself against Congress by vetoing numerous bills to define himself as an effective executive. The Democratic majorities assisted by sending Ford bills they expected him to veto, believing that his record would defeat him in the next election.

A new president often begins an administration by signing bills that his predecessor vetoed. President Bill Clinton's first major legislative accomplishment, for instance, was the Family and Medical Leave Act of 1993, which enabled family members to take leave to attend to sick family members, after his predecessor, George H. W. Bush, had twice vetoed the bill. Members of Congress will sometimes vote for popular bills they do not favor, confident that the president will veto them. The president's party will usually vote to sustain the veto, unless the bill is more popular than the president. So, in 1972, bipartisan coalitions in Congress overrode President Richard Nixon's veto of the Clean Water Act, which he regarded as too costly but which had strong support among their constituents. Still, the veto gives the advantage to the president. Members of Congress say that their constituents will complain that they hold the majority but cannot override a veto. When they try to explain about the two-thirds requirement, they find that people outside of Congress care little about the mechanics of legislation. They just want results.

# Chapter 5
# Checks and balances

"When I was a Congressman I never realized how important Congress was," President John F. Kennedy once mused, "but now I do." Although Kennedy had served sixteen years in the House and Senate, it was only after he entered the White House that he appreciated the collective clout of the legislative branch, which blocked so many of his proposals.

Congress can stall a president's legislative agenda or rally behind it, most notably when new presidents come to office during a national emergency. In 1861, Abraham Lincoln and Republican majorities in Congress faced trial by Civil War, but the secession of the Southern members of Congress facilitated Republicans efforts to enact tariff, land distribution, education, and other domestic reforms that previous presidents had vetoed. In 1933, the vastly expanded Democratic majorities in the House and Senate stood ready to enact whatever Franklin D. Roosevelt sent them to get the nation out of the Depression, resulting in the rush of legislation in the "First Hundred Days" of his administration. Though President Kennedy suffered many legislative setbacks, his assassination in 1963 created an emotional climate that enabled his resourceful successor, Lyndon B. Johnson, to score dramatic legislative accomplishments in enacting his Great Society initiatives.

Legislative results rank high in measuring presidential success, a fact that has encouraged modern presidents to assume the mantle of "chief legislator" as well as chief executive. Presidents appeal to Congress to do the right thing, and apply public and offstage pressure, but ultimately they must wait for Congress to act. Treaties they negotiate must wait for approval by two-thirds of the Senate for ratification. Their appointees can take office only with the Senate's consent. The budgets they submit, recommending levels of federal spending, may be dismissed as "dead on arrival" in Congress. Presidents can veto bills, only to have Congress override those vetoes. "Congress does from a third to a half of what I think is the minimum that it ought to do," Theodore Roosevelt once commented, "and I am profoundly grateful that I get that much."

Presidents who come to office with previous experience in Congress have some advantage in dealing with the legislative branch. Even the less-than-stellar Warren G. Harding managed to forge a foreign policy in cooperation with congressional leaders, following the failure of Woodrow Wilson, for all his genius for government, to win Senate consent for the Treaty of Versailles. By contrast, Herbert Hoover, having come out of a highly successful administrative career in business and government, regarded Congress as a nuisance to be avoided as much as possible, a mind-set that contributed to his failed presidency. "He has never really recognized the House and Senate as desirable factors in our government," a political operative close to Hoover remarked. "Perhaps they are not, but that does not alter the fact that they exist and that they have equal powers."

Because strong presidents have forged links with voters, and have exerted enormous power as commander in chief, the public has come to see the presidency as the first branch of the federal government. Yet Article I spells out in detail the extensive powers of Congress, before the shorter second and third articles outline the executive and judiciary. All of this makes members of Congress sensitive of their status as an independent branch of government. “You served under eight presidents, didn’t you?” a reporter once asked Speaker Sam Rayburn. “I did not serve *under* any presidents,” Rayburn replied testily. “I worked *with* eight presidents.”

## The chief legislator

The highlight of the president’s role as chief legislator occurs with the delivery of the State of the Union address, at the start of the annual session of Congress, usually in January. On the appointed night, the vice president leads a procession of senators through the Capitol to the larger House chamber. Representatives jockey for coveted center-aisle seats, so they can be televised greeting the president’s arrival and departure. Cabinet secretaries and Supreme Court justices have front-row seats reserved for them. Reporters, diplomats, family members, staff, campaign contributors, and other guests fill the galleries to capacity. None of this pomp and circumstance is required by the Constitution, which specifies simply that “from time to time” the president give Congress information on the State of the Union, and “recommend to their Consideration such Measures as he shall judge necessary and expedient” (Article II, section 3).

The first presidents, George Washington and John Adams, delivered their annual messages in person, but Thomas Jefferson regarded this practice as akin to a monarch addressing Parliament. Jefferson instead sent his messages to Congress for the clerks of the Senate and House to read aloud, and his successors followed his practice until Woodrow Wilson shattered the tradition. As a political scientist who had studied Congress, Wilson seized on the dramatic opportunities of personal appearances before a joint session to enhance the executive’s legislative leadership. Over time, advances in media have expanded the audience. Calvin Coolidge’s State of the Union message in 1923 was the first broadcast over radio. In 1936, Franklin D. Roosevelt persuaded Congress to shift the address from the afternoon to the evening, in prime time. Harry Truman appeared on the first televised State of the Union in 1947, and by the 1990s Bill Clinton's addresses streamed over the Internet.

For State of the Union messages, as well as for counting electoral ballots to declare a winner in the presidential election, the Senate and House are meeting in *joint session* to conduct constitutionally mandated functions. Since they are not conducting legislative business when they gather to hear a foreign head of state or other dignitaries, these are called *joint meetings*. In 1824, the

**9. Clifford Berryman, longtime editorial cartoonist for the *Washington Star*, captured the feuding between Congress and the president in this cartoon that ran on July 4, 1943, with the caption: "What this country needs today is a new Declaration of INTERdependence."**

Marquis de Lafayette became the first foreign guest invited to speak before Congress, and his portrait and George Washington's flank the Speaker's rostrum in the House chamber. Those who have followed him have included British prime minister Winston Churchill, Queen Elizabeth II, Israeli prime minister Menachem Begin, Russian president Boris Yeltsin, and South African president Nelson Mandela.

Nineteenth-century presidents, with Jackson and Lincoln among the few exceptions, defined their role as administrator of the laws that Congress passed and generally exercised their legislative leadership behind the scenes or through surrogates in Congress. It was Woodrow Wilson who set the precedents for making the chief executive chief legislator. Wilson admired the British parliamentary system and attempted to exert something of a prime minister's role over Congress. He worked closely with the Democratic majorities, which used rare binding-caucus rules to maintain party discipline and enact Wilson's reform legislation (in a binding caucus, party members agree to vote for whatever is decided in their caucus, a policy not repeated since then). Wilson persuaded Senate Democrats to choose a floor leader to marshal his programs, and they complied by electing the first Senate majority leader, John Worth Kern (D-Indiana). Wilson also prevailed on the Senate to adopt its first cloture rule in 1917. Following those successes, however, his presidency ended in spectacular failure. Congress was not a parliament, and Wilson remained president after his party lost its congressional majorities in 1918. During his last two years in office, he was unable to persuade the Senate to approve the Treaty of Versailles and League of Nations that he had personally negotiated.

Distrustful voters have disappointed presidents by turning control of Congresses over to the opposition party, adding an extra layer of checks and balances. Periods of divided government have produced some notable legislation, but they can also result in legislative stalemate, with the Congress ignoring the president's proposals and passing alternatives, likely to be vetoed. Notable clashes with Congress occurred during the presidencies of John Tyler (1841–45), Andrew Johnson (1865–69), and Richard Nixon (1969–74). Tyler, a former Democrat who had become a Whig, was the first vice president to assume the presidency following the death of the incumbent. He broke with the Whig Party and vetoed its key legislation. Congressional Whigs responded by rejecting most of Tyler's legislative requests and nominations. Andrew Johnson, also a former Democrat who had run on a fusion ticket with the Republican Abraham Lincoln in 1864, assumed the presidency after Lincoln's assassination. Johnson carried out what he believed were Lincoln's lenient policies in reconstructing the South after the Civil War. This put Johnson on a collision course with the Republicans who dominated Congress and were incensed over the Southern resistance to granting basic civil rights to those just freed from slavery. The constitutional clash between branches over the unprecedented problem of Reconstruction culminated in Johnson's impeachment by the House and acquittal in the Senate.



A century later, the Republican Richard Nixon faced large Democratic majorities in Congress. Seeking to circumvent Congress, Nixon impounded, or refused to spend, appropriated funds for federal programs he considered too costly and denied that he needed congressional support to pursue an unpopular war in Vietnam. Exposure of Nixon's involvement in the cover-up of the Watergate scandal, however, enabled Congress to override his vetoes of the Congressional Budget and Impoundment Act of 1974 and the War Powers Resolution, and thus restore some balance between the branches. Nixon resigned to avoid impeachment. At other times, divided government has produced bipartisan compromise. During Ronald Reagan's presidency (1981–89), when Democrats controlled the House while Republicans held the Senate for six years, Reagan got much of his program enacted by playing one house against the other.

By the twenty-first century, congressional politics grew more polarized. Faced with a trend toward party-line voting, recent presidents have concentrated on maintaining support within their own party in Congress. During George W. Bush's administration, Speaker Dennis Hastert (R-Illinois) chose not to advance bills in the House unless they had the support of "a majority of the majority"—that is, unless most House Republicans endorsed the measure—to prevent the minority from gaining the balance of power. President Barack Obama, at the start of his administration, personally visited the House Republican Conference to appeal for bipartisan support for his economic stimulus bill. When Republicans voted as a bloc against the stimulus, the president shifted tactics and negotiated between the liberal and conservative "Blue Dog" factions among congressional Democrats, to maintain majority party cohesion and enact legislation without support from the minority.



## Advice and consent

Upon entering the Oval Office, a president has thousands of appointments to make, from cabinet officers and agency heads to diplomats and federal judges. Most require confirmation by the Senate, a point of constant friction between the executive and legislature. A contributing factor to the American Revolution had been patronage abuses by royal governors, prompting most of the first state constitutions to give the appointment power to state legislatures. New York and Massachusetts, by contrast, allowed their governors to make appointments with the "advice and consent" of the legislators. After initially considered having the Senate making nominations, the framers of the Constitution adopted the "advice and consent" approach (Article II, section 2). That power went to senators on the assumption that since they represented entire states they would be better qualified than House members to judge the qualifications of nominees, particularly for the federal courts.

The right of consent carries the possibility of rejection. George Washington became the first president to feel the sting in 1789, when the Senate turned down his nomination of Benjamin Fishbourn as collector of the Port of Savannah. Although well qualified, Fishbourn lacked the support of the two senators from Georgia. This marked the first instance of "senatorial courtesy," where other senators honor the wishes of senators who oppose a nominee from their home state.

To avoid embarrassing rejections, presidents began consulting senators before submitting nominations for confirmation, which sometimes meant passing over their preferred choice for a candidate more likely to win confirmation. As a framer of the Constitution, James Madison regarded the choice of nominees to be an executive function, but as president he dropped his preferred secretary of state for a candidate the Senate wanted. Presidents who tangled with the Senate, such as John Tyler and

**10. Reflecting public interest in the event, press photographers crouched between the senators and the witness during the Senate Judiciary Committee's hearings on the 2001 nomination of former senator John Ashcroft (R-Missouri) to become attorney general.**

Andrew Johnson, suffered the indignity of having several of their cabinet and judicial nominations rejected. Tyler once submitted his nominee for secretary of the treasury three times, and each time the Senate rejected it by a larger margin.

Advice and consent powers have effectively given senators authority over who gets appointed from their states. "You appoint judges. You appoint U.S. marshals," George Smathers (D-Florida) recalled what he enjoyed most about his service in the Senate. "Any appointment that has to be confirmed you have infinitely more influence. No, being a senator is an infinitely more desirable, and influential, and powerful job than being a congressman." Once, when the American Bar Association rejected as unqualified a judicial nominee whom Senator Robert S. Kerr (D-Oklahoma) had recommended to President Kennedy, Justice Department officials sensed that Kerr took pleasure in the finding, because when the president ignored the ABA and submitted the nomination anyhow, it demonstrated Senator Kerr's legislative clout.



As a reflection of senatorial courtesy, the Senate Judiciary Committee in 1913 started the practice of "blue sheets" for all judicial branch nominations. Thereafter, each nomination had a blue sheet of paper affixed to the front of its file folder. If the blue sheet lacked the signatures of either of the home-state senators, the nomination would probably never leave the committee. The blue sheet became a mechanism to encourage consultation between the White House and the Senate. Facing this reality, presidents often selected nominees from a list of candidates submitted by the senators. As ideological battles raged over court nominations, however, adherence to the blue slip declined, and in recent years the combined opposition of both senators from a state has been required to stop a nomination.

To fill vacancies that occur during a recess of the Senate, presidents can appoint someone to hold that post until the end of the next session of Congress; they need to be approved by the Senate if they wish to serve in office any longer than that. Recess appointments enabled presidents to keep the government functioning during the many months between congressional sessions. But when Congress began meeting year round, the original purpose of recess appointments diminished. Presidents began to use it as a device to install nominees blocked in committee or in danger of rejection. Using a recess appointment in 2005, President George W. Bush named John W. Bolton as U.S. ambassador to the United Nations, over the objections of senators who regarded him as too undiplomatic for the post. Bolton held the job until he resigned in December 2006, when his recess appointment expired and it was clear that the Senate would not confirm him. When the Senate takes a brief holiday recess, presidents will announce a batch of recess appointments. President Ronald Reagan tried making recess appointments over the weekend, but the Supreme Court slapped down this practice. When the president and Senate majority come from rival parties, they usually negotiate a deal by which the president agrees not to make recess appointments in return for a pledge to allow some of the more controversial nominations to reach a vote. President George W. Bush refused to commit to such an agreement, and the Senate resorted to holding pro forma sessions, in which one senator gaveled the Senate open and closed in a few seconds, every few days, to avoid technically going into recess.

Allen Drury's best-selling novel and motion picture *Advise and Consent* centered on the rejection of a controversial choice for secretary of state. The Senate has actually confirmed 95 percent of all cabinet nominations, but it has rejected a third of all those nominated to the Supreme Court. Senators reason that presidents deserve advisors who agree with them and in whom they can trust, and that executive branch appointments will not extend beyond the president's term. The judiciary, by contrast, is an independent branch whose members hold office for life, pending good behavior.

Judicial nominations have grown exceedingly contentious. In the nineteenth century, Supreme Court nominations went directly to the Senate floor, rather than to committee. Senators debated these nominations behind closed doors to shield the nominees' privacy and to talk candidly (although their discussion and vote invariably leaked to the press). By the twentieth century, the Judiciary Committee held hearings and called nominees to testify in their own behalf and answer the senators' questions. Administration "handlers" now accompany the nominees and advise them to show due deference to the senators rather than debate them. Judicial nominees must try to appear open to questions while at the same time not revealing how they might rule on matters of consequence.



Because of their lifetime appointments, federal court nominations have long stirred political passions. The Senate rejected a Supreme Court nomination as early as 1795. There was intense conservative opposition to the nominations of Louis Brandeis in 1916 and Felix Frankfurter in 1939; they both went on to distinguish themselves on the bench. In 1968 conservatives filibustered against Lyndon Johnson's nomination of the liberal Abe Fortas to be chief justice, and in 1969 and 1970 liberals rejected two of Richard Nixon's conservative appointments to the Supreme Court, Clement Haynsworth, for questionable finances, and G. Harrold Carswell, for questionable competency.

In 1987, President Reagan's nomination of the conservative former solicitor general Robert Bork to the Supreme Court set off a fierce confrontation in the Senate. No one questioned Bork's legal abilities, but his strong opinions and ideological leanings raised objections. Bork verbally sparred with senators at his hearing, largely talking himself out of the job. His opponents ran a national advertising campaign against his nomination and lobbied senators to vote against him. Ever since his defeat, nominees subject to such organized campaigns have been said to be "borked."

A White House congressional liaison, Tom Korologos, who assisted hundreds of nominees, including Judge Bork, in navigating their confirmation hearings, advised them to accept the fact that the hearings will not be fair: "You have no rights, there is no provision for 'objecting.' Hearsay questions are allowed. A U.S. senator can ask any question he or she chooses. So be polite and deferential.... The goal is to demonstrate your qualifications while getting out unscathed."

The nomination of a federal judge follows a complex process. The president announces the appointment, the FBI investigates the nominee's background, and the American Bar Association evaluates the nominee's judicial qualifications. The nominee will need to complete lengthy questionnaires from both the Justice Department and the Senate Judiciary Committee. Months may go by between the announcement and the nomination's arrival at the committee. The nominee will be invited to testify at a hearing and later given time to respond to any questions that might have been raised. The committee will then vote to report the nomination to the full Senate, which might reject or confirm the nominee. If there is significant opposition, the committee may bottle the nomination up and never report it out, in which case the president might withdraw the name rather than face defeat. The committee can reject the nomination or report it out with a negative vote. On the floor, senators can place holds on the nomination or filibuster against it. Faced with such delaying tactics against a number of his judicial nominations, George W. Bush demanded "up-or-down" votes on his nominations, claiming that it was unconstitutional to require more than a majority vote to confirm. But the Constitution allows the Senate to write its own rules (Article I, section 5).



## War and peace

"By and large, the Congress is not much help to a president in matters of foreign policy," former undersecretary of state Nicholas Katzenbach concluded, because of the lack of "political profit" in it. Yet his own experiences in dealing with the Vietnam War taught Katzenbach that the president alone "simply cannot hold the overwhelming public support he needs for any length of time without the strong support of Congress." Sharing power in foreign policy was therefore not so much a constitutional question as a "practical political one." Presidential defenders reason that there cannot be 535 secretaries of state or commanders in chief. Presidents generally take the lead in matters of war and peace and regard congressional involvement in foreign policy as intrusive, despite Congress' constitutional power to regulate foreign commerce, confirm diplomatic appointments, approve treaties, and declare war. Unlike the executive, the legislature does not speak with a single voice. The people's representatives reflect public opinion, which is often divided on America's involvement abroad.



The Constitution gives the president the "Power, by and with the Advice and Consent of the Senate, to make Treaties provided two thirds of the Senators present concur" (Article II, section 2). The meaning of "consent" is clear, but "advice" is murky. Members of Congress complain that presidents rarely ask their advice in advance of a treaty that reshapes public policy and too often prefer to inform them just before announcing it publicly. They talk of wanting to be there for the take-off instead of the crash landing.

In the First Congress, senators wanted President Washington to come to their chamber when making nominations and requesting that treaties be ratified, to seek their advice as well as their consent. Washington demurred, reasoning that the abundance of nominations would make this impractical. He would send nominations to the Senate but agreed to the protocol of carrying treaties to their chamber in person. He did this on August 22, 1789, placing before the Senate a list of questions about treaties with Southern Indian tribes (which were at that time treated as separate nations). Washington's imposing figure made it awkward to debate in his presence, and the noise of the street traffic from below made it hard to hear the questions being read. So the senators referred the matter to a committee. "This defeats every purpose of my coming here," Washington protested, storming out of the chamber. He cooled down sufficiently to return to receive the Senate's suggestions, but after that incident he never went back. Most other presidents have kept their distance and sent treaties to the Senate by messenger, although Woodrow Wilson personally went to the Capitol to appeal for approval of the Versailles Treaty and U.S. membership in the League of Nations, which the Senate twice rejected.

Congress formally declared war against Great Britain in 1812, against Mexico in 1846, against Spain in 1898, against Germany and Austria-Hungary in 1917, and against Japan and Germany in 1941. On other occasions, the president has acted independently as commander in chief. In 1801, when Barbary pirates in the Mediterranean harassed American shipping, President Thomas Jefferson sidestepped legislators by instructing the navy to enforce existing treaties with North Africa and "chastise" the pirates by destroying their ships, a police action short of war. In 1950, when Communist North Korea invaded South Korea, the United Nations Security Council called on member nations to repel the aggressors. Congress was in recess at the time, but President Harry Truman believed that he could unilaterally endorse the UN resolution and dispatch American combat troops on his authority as commander in chief, rather than wait for a congressional declaration of war. Congress returned to enact appropriations to pay for this military action, but Senator Robert A. Taft warned senators that by accepting Truman's usurpation of congressional war power they faced its permanent loss. When public opinion later turned against the war, Truman rather than Congress bore the brunt of public displeasure. Nevertheless, Truman had established a precedent, and no president has formally sought a declaration of war since World War II.



Using its power of the purse, Congress can restrain military action by cutting off funds, although this exposes members to the politically risky charge of abandoning American troops in combat. Though it is often asserted that Congress ended the Vietnam War by cutting off funds, the story was more complicated. In 1969, after five years of combat and twenty-five thousand American deaths, an amendment to the Defense Appropriations Act barred U.S. ground combat activity from spreading into Laos or Thailand. In 1970, the Cooper-Church Amendment aimed at prohibiting President Richard Nixon from using funds for military action in Cambodia, although it did not become law until after U.S. troops had left Cambodia. Between 1971 and 1973, Congress debated several other amendments to cut off funds and withdraw all U.S. troops from Southeast Asia, but adopted none of them. Not until June 1973, following the peace agreement and withdrawal of U.S. combat troops, did Congress bar funding any further military operations. In 1974, the Foreign Assistance Act set a ceiling of four thousand civilian and military personnel in Vietnam, to be cut to three thousand within a year. In 1975, Congress rejected President Gerald Ford's request for emergency funds to support the South Vietnamese government, which soon fell to the North Vietnamese.



Congress attached to the 1974 Trade Act the Jackson-Vanik Amendment, sponsored by Senator Henry Jackson (D-Washington) and Representative Charles Vanik (D-Ohio). The amendment denied normal trade relations to nations that restricted emigration, arguing that this was a violation of basic human rights, and was aimed at allowing Jewish dissenters to leave the Soviet Union. Although the amendment ran contrary to the Ford administration's efforts to reach detente with the Soviets, President Ford recognized the overwhelming support for the measure in Congress and signed it. The Soviet Union protested but eventually complied, and the amendment ultimately enabled a million Russians to immigrate to Israel and a half million to the United States.

In 1982 the Boland amendment to a defense appropriations bill, sponsored by Representative Edward Boland (D-Massachusetts), prohibited the Reagan administration from funding anti-Communist Contra rebels in Nicaragua. This led to the Iran-Contra investigation when the administration was caught evading the law by funneling money from arms sales in the Middle East to the Contras in Central America. In 1993, Congress cut off funds for further military operations in Somalia, and in 1994 it prohibited U.S. military action in Rwanda. But after the United States became bogged down militarily in Iraq, Congress failed in its efforts to cut funds or set a timetable for military withdrawal. Even when public sentiment turns against a war, the most feasible option for resolving that conflict is usually for Congress to conduct a public debate that will bring pressure on the administration for peace.

Congress rallied behind the president after the terrorist attacks on September 11, 2001, when it passed a resolution authorizing George W. Bush "to use all necessary and appropriate force against those nations, organizations or persons" who planned or committed the assault. The next year, President Bush won congressional support for a preventive war to overthrow the regime of Saddam Hussein in Iraq. The congressional resolution authorized the use of force against Iraq in a manner "necessary and appropriate" to protect U.S. national security and enforce United Nations resolutions, encouraging the president to pursue diplomatic solutions before launching an attack. Among the critics, Senator Robert C. Byrd (D-West Virginia) accused Congress of "handing the president unchecked authority." But the House of Representatives voted 296 to 133 and the Senate 77 to 23 for the resolution, with many members feeling unable to oppose a president on a matter of national security just a month before the congressional elections.

Dismayed by the executive branch's failure to keep Congress informed, Senator Arlen Specter predicted that future historians would look back on the years immediately following 9/11 as "an era of unbridled executive power and congressional ineffectiveness." American historians and political scientists for years had defended presidential prerogatives and regarded the Congress as a drag on foreign policy, but they came to rethink those assumptions. During the Vietnam War, the historian Arthur Schlesinger Jr. concluded that their "delight in a strong presidency" had been based on agreement with the policies that strong presidents pursued. When confronted with presidential policies that seemed headed for disaster, scholars began to reevaluate the congressional role. But Schlesinger acknowledged that it would be hard for Congress to restrain a presidential drive toward enlargement of a war, since "voting against military appropriations is both humanly and politically self-defeating."

## Congress investigates

The most potent weapon in the congressional arsenal against an "imperial presidency" is its power to investigate wrongdoing in matters of foreign, military, or domestic policy. In *McGrain v. Daugherty* (1927), the Supreme Court confirmed the right of congressional committees to subpoena anyone inside or outside the government; in *Sinclair v. United States* (1929) it declared that congressional investigations need not be tied to pending legislation but can deal with anything necessary to understand the effect of laws already passed. However, after the excesses of the anti-Communist investigations in the 1940s and '50s, the court added the caveat, in *Watkins v. United States* (1957), that witnesses retained their constitutional protections under the Bill of Rights (including the right not to incriminate themselves) when they testified before Congress.

Congress held its first investigation in 1792, after American Indians defeated a military expedition commanded by General Arthur St. Clair, killing six hundred U.S. troops. A select committee of the House of Representatives called witnesses and examined government records. In the first instance of a president invoking "executive privilege," George Washington stipulated that the committee could view records only at the War Department.

The committee eventually exonerated General St. Clair, blaming the War Department for having inadequately supplied his troops. During the Civil War, Congress investigated ineptitude in the Union Army and tried to direct the military policies of the Lincoln administration, including the appointment of army generals. After the war, Congress investigated a number of scandals, most notably Credit Mobilier in 1872, which exposed that two vice presidents and several members of Congress had accepted stock in a railroad being built with federal subsidies.

Early in the twentieth century, the construction of vast caucus rooms in the Senate and House office buildings provided the setting for some dramatic congressional investigations. These imposing marble rooms gave the hearings the appearance of grand opera: magnificent settings, enormous casts, and convoluted plots, with everyone waiting for the witnesses to sing. Investigations epitomized the American system of separation of powers, in which the independent legislature could scrutinize issues that the executive would prefer to remain hidden and uncover wrongdoing at all levels of government.



Investigations can lead to exposure and punishment of malfeasance. The press had reacted skeptically when the Senate looked into some questionable leasing of federal oil reserves at Teapot Dome, Wyoming, in 1923. Reporters had seen too many congressional investigations begin with a fanfare of press releases before fading away inconclusively. But the committee's chairman, Thomas Walsh (D-Montana), persistently interrogated witnesses until they implicated President Warren Harding's secretary of the interior, Albert Fall, in a bribery scheme. Fall became the first cabinet member to go to prison.

Investigations can trigger legislative responses. After the stock market crashed in 1929 and the nation plunged into the Great Depression, the Senate Banking Committee held a highly publicized investigation of Wall Street banking and brokerage practices that led to the New Deal's landmark banking and securities regulation legislation.

Investigations can also shape political careers. The diligent investigation of national defense production during World War II by Senator Harry S. Truman (D-Missouri) led to his nomination for vice president in 1944. In 1951, the televised congressional investigations into organized crime in the United States made its chairman, Senator Estes Kefauver (D-Tennessee), a presidential contender. But the raucous hearings of the House Committee on Un-American Activities, and the Senate Permanent Subcommittee on Investigations chaired by Senator Joseph R. McCarthy (R-Wisconsin), into the threat of Communist subversion and espionage, raised concerns about the investigators' infringement of civil liberties. McCarthy's bullying tactics destroyed reputations without proving his charges. His freewheeling investigations came to an end when his own committee investigated charges and countercharges between McCarthy and the U.S. Army. Following the Army-McCarthy hearings in 1954, a broad bipartisan majority of the Senate censured McCarthy for conduct unbecoming a senator.



During the Vietnam War, in 1966, Senate Foreign Relations Committee chairman J. William Fulbright (D-Arkansas) conducted "educational" hearings into the conduct of the war. By calling prominent opponents of the war to testify along with administration defenders, Fulbright heightened public awareness of the antiwar movement. The most famous congressional investigation looked into the burglary of the Democratic National Committee headquarters at the Watergate building during the presidential election of 1972. Chaired by Senator Sam Ervin (D-North Carolina), the committee uncovered copious evidence that the Nixon administration used "dirty tricks" against its political opponents. The televised hearings drew a large national audience who watched as senators grilled administration witnesses and discovered that the president had been secretly tape-recording his conversations. After the Supreme Court rejected President Nixon's claim of executive privilege in withholding these tapes, their release implicated him in a cover-up. He resigned rather than face certain impeachment.

By contrast, the joint Iran-Contra investigation in 1987 produced less conclusive results. The committee had to grant limited immunity to gain testimony from several key witnesses, but this immunity later caused the Supreme Court to overturn their convictions. In 1996, a select committee of the Senate investigated President Bill Clinton's investment in a failed real estate development called Whitewater, holding sixty days of public hearings and calling 136 witnesses to testify. Republicans and Democrats on the committee filed completely contradictory reports, and the hearings had no impact on Clinton's reelection. Clinton, who had lost money on the investment, later jested that Congress had spent seven million dollars trying to prove that he was corrupt *and* stupid. Reacting to this anticlimax, one journalist suggested that Congress ought to investigate why it had to investigate everything.



Yet, congressional investigations and oversight of government agencies have served as a significant check on the executive branch. They reflect James Madison's dictum that the great difficulty in framing a government is: "You must first enable the government to control the governed; and in the next place, oblige it to control itself." Investigations provide the means for government self-control by aiming the spotlight of publicity on wrongdoing and producing legislative solutions. As the Watergate inquiry demonstrated, a successful investigation requires investigators to collect and sort through the evidence, and to apply some shrewdness to evaluating evidence and questioning witnesses. They must show a willingness to treat witnesses seriously and with some degree of humanity, make some meaningful effort to rise above partisanship, and demonstrate some showmanship in holding press and public attention. Ultimately, the success of a congressional investigation is measured by the determination of Congress to take what it learned to prevent the uncovered problems from occurring again.

## Punishment and protection

The ultimate punishment of official misconduct is the impeachment of federal officials, anyone from judges to cabinet officers and the president. Just the threat of impeachment has been enough to convince a recalcitrant agency head to release documents being held back from Congress or to resign from office. But impeachment is a drastic and arduous process that can inflict as much damage on its sponsors as its intended target.

The equivalent of an indictment, impeachment requires a majority vote in the House. Officials can be impeached for "high crimes and misdemeanors," a phrase that is sufficiently vague to cover a multitude of sins. The Senate will hold a trial to hear evidence, but it takes a two-thirds vote of the senators to convict and remove that person from office. The requirement of a supermajority in the Senate has served as a brake on the use of impeachment for political purposes: A partisan vote in the House is unlikely to produce a bipartisan conviction in the Senate.

When Jeffersonian Republicans won the election of 1800, they ousted the Federalists from control of the White House and Congress, but the courts remained packed with Federalist judges. Rather than wait for their retirement, the Jeffersonians in the House pursued impeachment proceedings against the most obstreperous judges. The Senate's failure to convict and remove Supreme Court Justice Samuel Chase in 1804, however, set a precedent against impeaching judges for their political views. During the struggle between congressional Republicans and President Andrew Johnson over the reconstruction of the South, the House in 1868 impeached Johnson. Since Republicans held more than a two-thirds majority in the Senate, his conviction seemed likely, but fear of weakening the presidency convinced seven Republican senators to defect. Johnson won acquittal by a single vote. After the Senate's investigation of the Watergate scandal, the House Judiciary Committee in 1974 began voting on articles of impeachment against President Richard Nixon. With his support in Congress eroding, Nixon chose to resign rather than stand trial in the Senate.

During the 1980s, the House impeached three federal judges on charges of perjury, corruption, and tax fraud. Rather than hear the testimony as a body, senators streamlined the proceedings by appointing a special committee to weigh the evidence first and then report back. The full Senate then cast the final vote, and each of the judges was convicted by lopsided margins. One of them, Walter Nixon, sued on the grounds that the committee process was unconstitutional. However, in *Nixon v. United States* (1993) the Supreme Court found that the Senate had the sole power under the Constitution to conduct a trial and could do so as it saw fit.



In 1998, House Republicans moved to impeach President Bill Clinton for having perjured himself by denying an affair with a White House intern. For a presidential impeachment trial, the chief justice presides (since the vice president, as president of the Senate, would succeed to the presidency after a conviction). In this presidential trial, the Senate as a whole heard the evidence, rather than delegate that job to a committee. The House vote against Clinton largely followed party lines, which made it unlikely that the House managers could achieve the needed two-thirds vote for conviction in the Senate. Clinton was acquitted and finished his term as president. The collapse of the Clinton impeachment reinforced congressional wariness about using impeachment as a political device. Opinion polls showed that the public regarded the president's impeachment as an overzealous effort and that his removal from office would be excessive, despite his deplorable conduct.

Just as Congress investigates presidents, the Department of Justice pursues wrongdoing among members of Congress. In the 1980 "Abscam" scandal, agents of the Federal Bureau of Investigation posed as Arab sheiks offering money to a few members of Congress in return for their promise to introduce private immigration bills. The transactions were videotaped and led to the prosecution and conviction of a senator and five representatives.

In their ongoing adversary relationship, however, members of the legislative branch enjoy the protection of the Constitution's "speech or debate" clause (Article 1, section 6). Dating back to the struggles between the British parliament and the king, this provision specifies that to prevent the executive from interfering with legitimate legislative activity, members of Congress cannot be prosecuted for what they say in debate or be arrested while on their way to attend a session of Congress. But federal prosecutors complain that this provision has shielded members from criminal investigations. In 2006, FBI agents raided the Capitol Hill office of Representative William Jefferson (D-Louisiana) and seized documents to document charges of bribery and corruption against him. Jefferson claimed that the raid on his office violated his speech or debate privilege, and the Republican Speaker of the House sided with him against the Department of Justice. In *U.S. v. Rayburn House Office Building, Room 2113* (2007), the federal courts allowed government prosecutors to use only some of the evidence it collected, imposing limits to make sure that all legislative material had been filtered out. In 2008, when Representative Rick Renzi (R-Arizona) called on the courts to throw out charges of fraud and extortion because federal agents wiretapped his conversations with other members of Congress, the leadership of both parties in the House backed Renzi's position. These cases raised questions about what constitutes "legislative activity." Congressional leaders worry that if the courts weaken these protections, a president might someday use the precedent for political retribution.

Despite their constitutional protection, some members of Congress have been convicted of crimes. Matthew Lyon was serving as a U.S. representative from Vermont in 1798 when he was convicted under the Alien and Sedition Acts for having published articles critical of the government in his newspaper. While he was still serving his four months in jail, he won reelection to another term. Once in office, members accused of infractions of House and Senate rules can be censured by majority vote. Those convicted of serious crimes can be expelled, by a two-thirds vote. Most of those facing expulsion have chosen to resign before a formal vote was taken.

## Congress and the courts

The judiciary plays the arbiter in disputes between the executive and legislative branches, holding the power to rule acts of Congress and actions of the president unconstitutional and illegal. Although Congress's relationship with the federal courts has not been as contentious as that with the president, the courts have periodically ruffled legislative feathers by exercising judicial review. In the case of *Marbury v. Madison* (1803) the Supreme Court first claimed the right to declare acts of Congress unconstitutional, an implied rather than explicit right in the Constitution. The opinion written by Chief Justice John Marshall struck down a portion of the Judiciary Act.



Members of Congress express outrage when the courts undo their handiwork, complaining of "judicial activism," a process by which unelected judges make law through their rulings. When the courts throw out a law, Congress can respond by rewriting it to address judicial concerns, strip the court of jurisdiction over the matter, or propose a constitutional amendment to reverse the decision—as it did with the Sixteenth Amendment, after the Supreme Court rejected the income tax as unconstitutional. The Supreme Court's most controversial decisions, from banning prayer in public schools to supporting a woman's right to an abortion, have prompted members of Congress to introduce constitutional amendments. Yet of the more than ten thousand formally proposed over the past two centuries, only thirty-three amendments have been passed by Congress and only twenty-seven were ratified by the states. The Constitution has been amended only when a broad national consensus on an issue existed.

With judicial review in mind, Congress drafts committee reports to outline what it intended when it passed a law. Courts will then consider the entire legislative history, committee reports and hearings, along with the floor debates, as a guide in interpreting the law. Some judges prefer to consider the text of the statute alone rather than trying to divine the intent of the legislators. In the case of *Edwards v. Aguillard* (1987), Justice Antonin Scalia punctured the notion of courts determining legislative intent by listing some of the factors that may have determined a legislator's vote: "He may have thought the bill would provide jobs for his district, or may have wanted to make amends with a faction of the party he had alienated on another close vote, or he may have been a close friend of the bill's sponsor, or he may have been repaying a favor owned the Majority leader... or he may have been pressured to vote for a bill he disliked by a wealthy contributor or by a flood of constituent mail, or he may have been reluctant to hurt the feelings of a loyal staff member who worked on the bill, or he may have been settling an old score with a legislator who opposed the bill, or he may have been intoxicated and utterly unmotivated when the vote was called, or he may have accidentally voted 'yes' instead of 'no,' or, of course, he may have had (and very likely did have) a combination of some of the above motives."



The courts usually keep hands off the internal business of Congress, noting that the Constitution allows each house to run itself (Article I, section 5). Federal judges have, for instance, dismissed citizens' suits against the hiring of congressional chaplains because of its violation of the separation of church and state, on the grounds that the Constitution allows the Senate and House to elect their own officers, and the chaplains are elected officers. In an exception, *Wesberry v. Sanders* (1964), the Supreme Court required that all House districts be roughly equal in population, ending a system that had privileged smaller rural districts over larger urban ones. The ruling gave more representatives to urban and suburban districts, which fostered issues that their constituencies favored, such as environmentalism.

Court rulings influence the legislative process because members of Congress must weigh provisions of a bill that might not pass judicial review, as well as adjust the legislation in response to an unfavorable decision. Courts also shape the way executive agencies interpret and administer the laws, and intervene in confrontations between the president and Congress, such as defining what a president can withhold from Congress under "executive privilege."

The courts have given Congress wide latitude in defining its constitutional powers, particularly in the use of the commerce clause, regulating interstate commerce, to set minimum wages and maximum hours of work, establish public health policies, and promote racial integration and civil rights. The courts have also agreed that Congress can delegate some of its powers to independent regulatory commissions, although not to the executive branch. The Supreme Court struck down the New Deal's National Recovery Administration (NRA) in *Schechter Poultry Corp. v. United States* (1935), known as the "sick chicken" case because the NRA had authorized trade organizations to regulate the quality of chickens being sold. The court concluded that Congress could neither delegate its powers to nongovernment trade groups nor regulate as interstate commerce items produced and consumed within the same state. The Supreme Court also struck down the "legislative veto," in *Immigration and Naturalization Service v. Chadha* (1983), a device that permitted the administration to set certain regulations unless rejected by either the House or Senate. The high court found the procedure unconstitutional because it allowed improper delegation of legislative power to the executive branch, and because allowing a single house to veto a provision violated the principles of bicameralism.

The constant struggle between Congress, the president, and the courts acts out Madison's dictum that the ambition of each branch be set to counteract the others. Each has guarded its own prerogatives, while trying to poach on the others. Although messy, the arrangement of checks and balances has preserved the original structure of government while allowing it to grow to meet the vastly expanded demands of the modern nation.

# Chapter 6
# The Capitol complex

Awed by the soaring dome, marble pillars, and statue-lined corridors, sightseers may perceive the U.S. Capitol as a combination art gallery and historical museum, not appreciating that its prime function is to house the Congress. To accommodate an extended community of senators, representatives, staff, journalists, lobbyists, and curious visitors, the Capitol complex has steadily expanded into a multitude of office buildings linked by tunnels. Outside on the lawns, Civil War soldiers have drilled, demonstrators have protested, and inaugural spectators have thronged. Inside, the Capitol sometimes has taken on the air of a county fair. Church services, funerals, auctions, and theatrical performances have taken place there, and hawkers peddled fruit, cigars, candy, pies, sandwiches, and souvenirs from its corridors until 1890 when Speaker Thomas B. Reed (R-Maine) banned vendors from their niches in Statuary Hall. Decades later the Capitol could still be described as a "city within a building," a complex containing restaurants, banks, barber shops, gymnasiums, libraries, post offices, subway lines, and its own power plant.

The Senate and House are situated on Capitol Hill much the same way a liberal arts college coexists with an engineering school on the same campus; they occupy nearby space but otherwise have little to do with each other. A star on the floor in the center of the

**11. The Capitol is the most identifiable symbol of American democracy.**

rotunda marks the dividing point between the two. The House and Senate each control their respective halves of the Capitol, and even longtime occupants sometimes have trouble finding their way on the other side. Indeed, resentment of the "other body" surfaces at times, such as during the presidential impeachment trial in 1999, when the House managers grumbled about having to ascend to "Mount Olympus."

## The Capitol

When Pierre L'Enfant mapped the future national capital in 1791, he identified the high ground known as Jenkins Hill as a "pedestal waiting for a monument." Renamed Capitol Hill in an effort to graft the fledgling republic onto Roman roots, it became the site of the U.S. Capitol Building, whose imposing dome stands as a symbol of American democracy. A veteran House member urged newcomers to look up at the dome whenever they headed to the chamber to vote. "If you reach a point when it doesn't give you goose bumps," he advised, "draft your resignation letter the next day."

The Capitol's familiar appearance has actually evolved over time, growing along with the nation. When Congress arrived in Washington in 1800, only the boxlike Senate wing of the building stood completed, and into it crowded the Senate, the House of Representatives, the Supreme Court, and the Library of Congress. The House wing was ready in 1807, connected to the Senate wing by a wooden walkway before the rotunda was completed. Congress was out of session when the British invaded in August 1814 and torched the Capitol. A summer storm saved the exterior walls, but the intense fire destroyed most of the interior. All that survived within the original building was a vestibule containing a set of "corncob columns," classic Roman columns that the architect Benjamin Henry Latrobe had Americanized by adding corncobs for decoration.

Rebuilt in the 1820s, the Capitol was topped by a low dome, modeled after Rome's Parthenon. Over the next thirty years, the influx of legislators from the new western states filled the building beyond capacity, and new wings were ordered constructed to house vastly larger chambers. The new construction put the old dome out of proportion, so an immense cast-iron dome replaced it. Part sandstone, part marble, part cast iron painted white, the building echoes the motto on the Great Seal of the United States: *E Pluribus Unum*—out of many, one.

Construction of the Capitol relied on local slave labor, hired out by their owners. Slavery existed in the District of Columbia until Congress abolished it there in 1862. The bronze statute of Freedom that stands above the dome was cast by Philip Reid, an enslaved man who had been freed by the time it was installed atop the Capitol in 1863. Immigrant stonemasons and artisans also contributed to the building. These Old World artists decorated its interiors with New World images. They were fascinated with Native Americans, who frequently appear in the Capitol's artwork, but slavery was too contentious to depict. No African American appeared in the Capitol's art until the painter Emmanuel Leutze added a black pioneer to his massive mural, *Westward the Course of Empire Takes Its Way*, soon after Lincoln signed the first Emancipation Proclamation in 1862.

In the years after the Civil War, the landscape architect Frederick Law Olmsted added formal landscaping for the Capitol grounds and constructed terraces that gave the Capitol's West Front a more formal appearance (where they now serve as the presidential inaugural platform). Standing on the East Front plaza today, almost every building in sight represents some function of the government that was housed in the original Capitol, including the Supreme Court and Library of Congress. The burning of the Capitol in 1814 destroyed the congressional library as well. Congress purchased former President Thomas Jefferson's personal library as a replacement, and his eclectic interests ensured that Congress would have more than a law library. The Congressional Library occupied three floors across the West Front of the Capitol, halfway between the House and Senate. Its wooden shelving led to some spectacular blazes, even without the help of the British. The fireproof cast-iron shelves that were installed in the 1850s inspired the use of cast iron in building the new dome, which was triple the size of the original. The lighter material enabled the larger dome to rest on the existing walls.

The exterior of the Capitol resembles a Roman temple, while its bright interior frescoes suggest an Italian church, thanks to the nineteenth-century Italian painter Constantino Brumidi. A political exile, Brumidi brought to the Capitol in 1855 a style of fresco painting he had learned at the Vatican. The military engineer in charge of expanding the Capitol, Montgomery C. Meigs, had been skeptical at first but became transfixed by Brumidi's deft illustrations and vivid colors, which would be preserved when the plaster and paint dried. Brumidi received contracts to paint the canopy high above the rotunda and also many committee rooms and halls. He worked mostly on the Senate side, since the House regarded ceiling painting as undemocratic. The House relented in the 1970s, when the artist Allyn Cox decorated its halls with scenes from American history.

Less ornate, the House and Senate chambers are stately rooms where members debate and vote, mingle and converse. Often there are just a few members in attendance, but whenever votes are held, members flock to the chambers and enjoy a rare opportunity in their crowded schedules to stop and talk with each other—over the din. These informal interludes have been compared to "a cocktail party without cocktails." Clustering about, sharing news and swapping stories, they measure each other's interests and personalities, cut deals, and plan tactics.



The House and Senate have each occupied several chambers within the Capitol. In 1800 the Senate met in a large room on the ground floor of the Senate wing, while the House was squeezed into a set of rooms that would eventually be occupied by a single Senate leader. A bronze plaque outside that door commemorates the first order of business when the House occupied the rooms: they had to decide the presidential election between Thomas Jefferson and Aaron Burr, who had tied in the Electoral College. The House moved in 1807 to its own chamber, a handsome room currently known as Statuary Hall, which at its opening constituted the largest public space in the United States. The House met there until 1857, and during those years its membership grew from 142 to 237. Meanwhile, the Senate wing was remodeled and the Senate moved upstairs to a new chamber on the second floor, with the Supreme Court taking over the original space on the ground floor.

Thirty-four senators first occupied the Old Senate Chamber in 1810, and that number had doubled by the time the Senate vacated the room in 1859. In January of that year, senators moved into the current chamber. The future leaders of the Union and Confederacy walked together in that procession, which included Jefferson Davis, both of Abraham Lincoln's vice presidents, and members of the cabinets and military ranks on opposite sides during the Civil War. Leading the procession was Vice President John C. Breckinridge, a cousin of Mary Todd Lincoln. He would later become a Confederate officer and lead an 1864 raid on Washington. Breckinridge and his Confederate troops got close enough to see the Capitol's completed dome before being driven back by federal forces.



Poor acoustics in the House chamber made it hard to hear speakers—many fine orators entered, members lamented, never to be heard from again. By contrast, the Old Senate Chamber's theater-perfect acoustics facilitated the Senate's "Golden Age of Debate" in the three decades preceding the Civil War, when Webster, Clay, and Calhoun held forth. Audio in the new, larger Senate chamber was never as clear, however, and the quality of debate suffered for it. A glass ceiling let in light but absorbed sound. Reporters of debate had to sprint back and forth across the chamber in order to hear both sides of a debate. Replacement of the glass with a plaster ceiling in 1950 did not noticeably improve the acoustics, and microphones were finally installed in 1971 so the senators could be heard. The House chamber was similarly remodeled, and members use microphones while speaking at podiums in the well, the lower floor at the front of the hall.

Neither chamber allows visitors to lean on the balconies, a prohibition dating back to December 1916, when woman suffrage activists interrupted Woodrow Wilson's State of the Union message by draping a banner over the balcony in the House chamber: "Mr. President, What Will You Do for Woman Suffrage?" Other demonstrators have also used the Capitol as a symbolic backdrop. Environmentalists once dumped a ton of coal on the Capitol grounds; farmers set sheep loose on the lawn; and a group seeking to protect endangered wildlife brought a cheetah to a congressional hearing. Congress dabbles in the symbolic as well. After passing legislation to repeal the marriage tax penalty, Republicans had a bride and groom carry the bill to the White House, and Democrats later sent one of their energy bills to the president in a fuel-efficient hybrid car.

The Senate and House galleries are open to visitors, and technology has expanded the audience nationally and internationally. Radio began broadcasting from the Capitol in 1923, and television arrived in 1947. The floor proceedings remained off limits, however, until the House permitted televising them in 1979 and the Senate in 1986. Some members have regretted ever permitting the TV cameras in, blaming television for heightening partisanship and confrontation, since members now felt they had to speak on every issue and answer every charge.



At first, anyone could wander onto the floor before the House and Senate had convened that day. A senator once complained that he had to elbow his way through a crowd of people to get to his desk, and then found someone already sitting there. Although loath to do anything that might offend constituents, senators finally banned visitors, except for journalists. Reporters were permitted on the Senate floor just before a day's session to get a briefing from the leadership on the day's schedule (in the House, similar briefings were held in the Speaker's offices). Known as "dugout chatter" from the term for a baseball pre-game broadcast, this privilege was also suspended, until even staff needed special permission to get access to the floor. The only other way to get there is by election.

## The members

Capitol Hill is divided between members of Congress and everyone else. Signs on elevators and restrooms proclaim Members Only and Senators Only. Dining rooms and parking spaces are reserved for the members. The institution is designed to help the elected to do their jobs. After each election, Capitol police, elevator operators, and other staff receive photo crib sheets to help them identify new members, and all go out of their way to assist them. A freshman representative, on his way to the Capitol to cast a vote, waited on the curb for the red light to turn, not realizing that the police were holding the traffic for the members during the vote. "It's green for you," the officer explained.



Congress reflects the nation, although not as an exact mirror. Its membership has always contained a disproportionate number of lawyers and business executives, although it has also attracted doctors, ministers, military and police officers, journalists, athletes, farmers, and some blue-collar workers. For much of its history, Congress was predominantly white and male. Women and minorities have increased their ranks in the House and Senate but remain below their national proportions. Religious affiliation has become more diverse, with Protestants still the most numerous group but diminishing compared with the growing ranks of Catholics and Jews. The first Muslim was elected to the House in 2007 and the first Buddhist in 2008. The majority of members held previous political office before coming to Congress. House members often served in state or local office, and half the senators previously served in the House. The congressional staff has also become a springboard, with an increasing number of staff members running for seats vacated by their bosses.

The Constitution originally set the first Monday in December for the beginning of a new Congress, thirteen months after the elections (Article I, section 4). In those days, the average session would run from December through to spring. In 1933, the Twentieth Amendment moved the opening date forward to January 3, but even then Congress continued to meet for only half the year. Members would bring their families to Washington and after adjournment would pack up to return home for the rest of the year. Their children would go back to their local schools, and the members would resume their law practices and other business ventures. As Congress stretched to year-long sessions, stricter ethics rules restricted what work members could do outside of their official duties. Members with young families urged the leadership to announce vacation schedules well in advance, and in 1971 Congress passed a law providing for an annual recess during the month of August (which could be suspended when extra time was needed for legislative business). The House and Senate leadership planned recesses around national holidays and religious observances, allowing members to spend that time with their families and constituents. They may also go abroad on congressional delegations, known as CODELs. These fact-finding trips acquaint members with issues and leaders around the world, but also subject them to criticism for going on "junkets" at the taxpayer's expense.



Members of Congress say that the hardest part of their job is being "the prisoner of someone else's schedule." Their staffs have prepared daily schedules for them, broken into fifteen-minute increments, with hearings, meetings, and photo shoots laid out in advance; but at any time, bells can summon them to the chamber to vote, interrupting whatever else they might be doing. After retiring, Senator Paul Laxalt (R-Nevada) commented that what he enjoyed most was "to have a leisurely lunch, to have dinner at home at a reasonable hour, not to have to 'run' to the Senate floor for a vote, not to have your 'schedule card' full of appointments from early morning until late at night."

Regular travel back to their home states means that members spend a lot of time on planes. When Congress lets out, the members can be seen with suit bags over their shoulders sprinting through the concourses of Washington's airports. In the quieter days before the abbreviated Tuesday to Thursday work week, members of the House tried to operate under the rule that political opponents could be friends after 5 p.m., regardless of party. Representative Gene Snyder (R-Kentucky) got backing for a highway bridge in his district during a "happy hour." Snyder regularly played cards with the Democratic Speaker Tip O'Neill in the evening and recalled that after one session, the Speaker put his feet up on Snyder's desk and said, "Gene, you've got your bridge."

As the work week shortened and more congressional families stayed in their home states, members had fewer opportunities to socialize in off-hours—only at prayer breakfasts, workouts in the gymnasium, or an occasional golf match. Even the weekly lunches of the political parties became less social and more partisan, designed to "to game out the issues of the day." Younger members of the House, with fewer responsibilities, will head to the basketball court at the House gymnasium, and those who rush from the showers to the floor to vote get tagged as "wetheads." The Senate offers a health club with exercise machines and a steam bath.

These facilities were once exclusively reserved for men. The House gymnasium, for instance, was built with only a men's locker room, but the sergeant at arms erred in sending invitations to all elected representatives for the grand opening in 1965. When the women members appeared in gym costumes, the men reluctantly made room for them. Women had been elected to Congress since 1917, but the Congressional Caucus for Women's Issues was not founded until 1977. It began with fifteen members. Representative Patricia Schroeder (D-Colorado), who came to the House in 1973, noted that not until some of the senior women members retired could the new generation organize a women's caucus (the older generation had been sensitive about being treated as women as opposed to being treated as members).

As more women won election to Congress and women served on its staff, the dress codes changed. An intrepid House doorkeeper had to remind Representative Bella Abzug (D-New York) that the rules prohibited her from wearing her trademark wide-brimmed hat in the House chamber. The rules did not specifically ban women from wearing slacks or pantsuits, but the men frowned on the practice. Anticipating a Saturday session, when the men tended to dress more casually, women staff in the Senate chamber solicited the support of the women senators serving at the time, and on the appointed Saturday they all dressed in slacks. No objections were raised, and from then on pantsuits or skirts became a matter of individual choice.

The Congressional Black Caucus, created in 1971, tripled in membership during the next three decades, with some of its members going on to attain party leadership posts and chair major committees in the House. Senate elections, being statewide, produce far fewer minority senators. Some states redistricted to promote greater racial and ethnic diversity in the House, drawing district lines that enhanced the chances of Hispanic and African American candidates.



Charles Rangel (D-New York), who chaired the powerful House Ways and Means Committee, pointed out that the "noncompetitive" nature of many of these preponderantly African American districts created safe seats that enabled minority members to accrue seniority and attain committee chairmanships. In many ways, the same dynamics had once allowed white southerners to dominate the House and prevent the passage of civil rights legislation. When those southerners retired or switched parties, they opened the door for minorities to run. The Voting Rights Act of 1965 accelerated this trend by encouraging states to concentrate black voters in "super majority" districts that were more than 65 percent black. Many southern Republicans supported this development because the concentration of Democratic votes in African American districts came at the cost of a net loss of southern Democratic seats in the Congress. In later years, however, some of these black districts saw growth in their Hispanic populations, making them no longer noncompetitive.

Many stalwarts of the Congressional Black Caucus came out of the civil rights movement, where they had led the struggle against an entrenched political establishment. They fought for equal rights and against U.S. support of the apartheid regime in South Africa, and carried those fights into Congress, but they learned that in order to pass legislation they would need to temper their activism through compromise. "If you are around the House long enough, you learn its rules and customs and come to understand that no point of principle is served by remaining a permanent outsider," observed Ron Dellums (D-California), an anti-war activist who became chairman of the House Armed Services Committee. "My constituency, like any other, had sent me to Washington to legislate. I owed them nothing less than my best."



## The staff

The first task for a new member of Congress is to hire a staff and set up an office. Some import their campaign staff from home; others try to hire people who have already acquired experience in the ways of Washington. Either way, the members' staff will be largely populated by politically minded young people, who can rise to positions of responsibility faster in the legislative branch than almost anywhere else. They may start as interns, pages, or congressional fellows, or take jobs in Congress straight from college. They will be required to work long hours for low pay and may burn out after a few years and move on. The more fortunate will join a committee staff, which will enable them to specialize in an issue, earn better pay, and not be subject to the election returns. Usually toiling in anonymity, they devote themselves to advancing their bosses' priorities. "The Hill never stops, and as a young staffer, neither can you," said one in his twenties.

For much of its history, Congress relied on the executive branch departments to generate information and draft legislation and reports. As relations between the executive and legislative branches became strained during the twentieth century, however, Congress sought more independent sources of data and assistance. In 1914, during the Progressive era, it created the Legislative Reference Service in the Library of Congress, which later expanded into the Congressional Research Service, to provide politically neutral issue briefs and lend staff to augment the support network for members and committees. Other legislative branch agencies include the Congressional Budget Office, which provides a reality check for the budget information that Congress receives from the executive branch, and the Government Accountability Office (formerly the General Accounting Office), which investigates how the executive branch implements the laws and spends the funds Congress appropriates. Also part of the legislative branch is the Government Printing Office, which produces the *Congressional Record* and a host of other government publications.

The Legislative Reorganization Act of 1946 established the first professional staffs for committees and also allowed members to expand their personal staffs. Each member could employ an administrative assistant to supervise the staff, and legislative assistants to handle specific areas of legislation, researching, drafting, and tracking bills to keep the member informed about them. Members also appoint staff to the committees on which they serve, to attend meetings that members might miss, to negotiate amendments with other staff, as well as to advise the members on pending votes. These staff members have been called "unelected lawmakers" and "virtual senators." Near the end of his forty-seven years in the Senate, Ted Kennedy observed that " 95 percent of the nitty-gritty work" of drafting and negotiating bills was being done by staff. But a certificate of election still separates them from those who hold the ultimate power and authority.

Relationships between members and their staff vary according to individual style, reflecting the daily pressures of the job and the aggressive personalities that got them elected in the first place. Some legislators are beloved by loyal staff; others are feared. Some can retain staff for years, while others experience constant turnover. A famous abuser of his staff was Lyndon Johnson (D-Texas), who could humiliate those who worked for him in public but still manage to hold their loyalty, because he always pushed himself as hard as he pushed them. Senators and representatives receive office allowances to spend as they see fit, within limits. They may hire fewer aides at higher salaries to maintain stability or employ a larger staff at less pay. Younger staffers take these demanding positions to gain a few years of congressional experience to use as a stepping stool to better paying positions inside and outside the government.



The mounting legislative workload and flood of constituent mail accounted for the growth of the congressional staff. In 1908 and 1909 the House and Senate opened their first office buildings, on the south and north sides of the Capitol, respectively. The office buildings provided space for more public hearings, more staff, and more opportunity for members to meet with constituents. The first House Office Building, later named for Speaker Joseph Cannon, was designed in a classical style that complemented the Capitol. It originally had 397 offices, one room per member and fourteen committee rooms, connected by tunnel to the Capitol. A second House office building, named for Speaker Nicholas Longworth (R-Ohio), was completed in 1933, and a third, named for Speaker Sam Rayburn, opened in 1965, provided suites of rooms for each member's growing staff.

The first Senate Office Building (known by its unfortunate acronym SOB), later named for Richard Russell, adopted the same exterior design as the House office building, but since it served fewer members had a more spacious and elegant interior. Wooden mantles in the House offices became marble in the

Senate offices; iron railings became brass; veneer became solid mahogany. Senate offices initially consisted of two rooms, one for the senator, the other for his staff. A second SOB was added in 1958, named for Senator Everett M. Dirksen (R-Illinois), and a third in 1983, named for Senator Philip Hart (D-Michigan). With each addition, the number of rooms assigned to each senator increased dramatically. A typical office today connects space that would once have housed a half-dozen senators and their staff.

Located across the street from the Capitol, the House and Senate office buildings required members to shuttle back and forth repeatedly from their offices to the chamber to vote. In the 1890s, Thomas Edison had overseen the wiring of the Capitol for electricity and had installed bells to summon the members to vote. In 1912 the Senate installed the first electric subway cars between its office building and the Capitol, operating as a horizontal elevator. Like a school changing classes, the sound of a long bell, signaling a vote, brings a sudden rush of senators from their offices and committee rooms to the subway. Senator Norris Cotton (R-New Hampshire) relished the story of a new page escorting an elderly woman into the galleries. She demanded to know why so many bells were ringing. "I'm not quite sure," replied the page "... maybe one of them has escaped."



## Lobbyists and other visitors

Besides members and staff, other regulars on Capitol Hill include lobbyists and journalists. The term lobbyist—sometimes prefaced as "K Street lobbyists" because of the high concentration of their offices on that street—has become associated with special interests and questionable backroom dealings, yet lobbyists are a legitimate part of the legislative process. In the era of torchlight parades and intense electoral competition, nineteenth-century legislators took their cues largely from their parties. Voter turnout peaked in 1896 and began a long slide in the twentieth century, when citizens began seeking more direct ways to influence legislators by organizing into private interest groups. These groups provided information that legislators used both for drafting laws and for running for reelection.

Lobbyists know Congress, sometimes having served as legislators or congressional staff, and can offer expertise in specific issues. They may represent corporations, labor unions, local governments, universities, teachers, hospitals, veterans, farmers, ranchers, oil and gas producers, consumers, and a myriad of other groups. Some are better funded than others, but they all have played an increasingly prominent role in raising campaign funds for members running for reelection, which in turn has expanded their influence over the legislators and legislation. It is a truism that those who contribute get the ear of the member and the staff, said Representative Roman Mazzoli (D-Kentucky). "They have the access and access is it. Access is power. Access is clout."



Lobbyists have an "Iron Triangle" theory that their chance of legislative success is greatest when three factors are in play: they have chairs of the pertinent committees on their side; they have high-level officials within the relevant executive agency interested in enacting and implementing the issue; and they have a strong constituency they can mobilize for it on the outside. Lobbyists will also provide members and staff with detailed background information and establish contacts with leaders in the field being legislated, to keep Congress abreast of what one lobbyist has called "economic and political realities."

The money spent on Washington lobbying has reached billions of dollars a year, and the number of lobbyists has grown to thousands. In 2006, a lobbying scandal erupted around Jack Abramoff, who represented a number of Indian tribes that were anxious to prevent Congress from imposing a tax on the revenues of Indian gambling casinos. Abramoff courted key members of Congress and the administration by paying their expenses for golfing trips to Scotland, entertaining them in skyboxes at sports events, and funneling funds into their campaigns in return for their legislative support. He charged his clients exorbitant fees for his high-level access. The government investigated, and Abramoff pleaded guilty to fraud and tax evasion. Association with him cost several members their elections and prompted Congress to tighten restrictions on what lobbyists could legitimately do.

Members insist that the most effective lobbyists are "the ones back home." But few issues before Congress register strongly enough for citizens to voice much of an opinion, and pollsters say it is hard to test a wind that is not blowing. If the public seems unconcerned, lobbyists will try to generate their own grassroots campaigns, which legislators dismiss as "astroturf" lobbying for their artificial nature. Members realize that lobbyists are "hired guns," paid to support or oppose something by orchestrating publicity and meetings with members of Congress. But they must work with outside groups and interests in order to construct workable public policy. Hearing from a variety of these groups, through their lobbyists, helps those writing the laws to understand the likely consequences and to adjust bills to avoid disasters.



Although some members of Congress campaign for reelection by "running against Washington," a lot of them stay when they retire, a condition ascribed to "Potomac Fever." Many members have spent the largest share of their adult years in the capital and have developed knowledge and skills that enable them to operate more effectively there than back home. One study calculated that from 1998 to 2004, 43 percent of all retired members of Congress engaged in lobbying, as did their senior staff. Ethics reforms have banned them from lobbying Congress for two years after they leave office, but they spend the requisite cooling off period consulting rather than doing any direct lobbying. Lobbying disclosure rules also require that those who contact members of Congress for the purpose of influencing legislation must file public reports on who hired them, what they were paid, and what contributions they made to public officials.

Former members who become lobbyists enjoy an open-door policy with their old friends in Congress, although they find that their congressional friends will have their hands out for campaign contributions. Such contributions are regarded as an investment to spend more time with their clients' representatives "in a less formal setting," as one defense lobbyist explained. To this end, lobby groups organize fund-raising events for members' reelection campaigns. Lobbyists often seek members' help in obtaining earmarked funds for projects in their home state, which the members can then cite as accomplishments during their reelection campaigns, a further advantage for incumbents.

Among the lobbyists are squads of liaisons for government agencies and the military services. They guide the top brass through the Congress, helping to prepare their testimony and collecting information to respond to questions they could not answer. Military liaisons are responsible for answering thousands of constituent inquiries routed to them by members of Congress, often involving transfers, awards, and pay issues. Liaison officers will accompany members on fact-finding missions, even escorting them into war zones. Above all, their job is to maintain good relations with Congress so that their branch of the service can maintain adequate appropriations.



Others who sport congressional identification badges are the army of reporters, broadcasters, and photographers who operate out of the press galleries. Their IDs enable them to gather in the corridors to interview members as they emerge from meetings or head to the chambers to vote. Some reporters are stationed regularly at the Capitol, where they develop deep knowledge of its operations, although their need to cultivate regular sources at times compromises their ability to write candidly about those sources. Other reporters come to the Hill only when some news is breaking and thus can be more independent, but their grasp of the institution may be less solid. Anxious for good press, senators and representatives hire experienced journalists to serve as their press secretaries, facilitating relations with the press corps. Members of Congress consume great quantities of information in print, on the air, including three privately published trade papers that are distributed to all congressional offices: *Roll Call, The Hill*, and *Politico*. The issue-oriented *Congress Daily* and *National Journal* are also followed closely by members and staff.

Fellowships constitute yet another component of the Hill community. Since 1953 the American Political Science Association has run an annual congressional fellowship program that sends political scientists, journalists, doctors, and international scholars into House and Senate offices to gain hands-on understanding of the legislative process as members of the congressional staff. The APSA's most prominent alumnus, Dick Cheney, came to Washington as a fellow in 1968. He established connections with Representative Donald Rumsfeld (R-Illinois), who helped him within seven years catapult into the position of White House chief of staff. Cheney went on to serve as a representative, secretary of defense, and vice president of the United States, but he never returned to the University of Wisconsin to complete his doctorate. The Congressional Black Caucus sponsors a fellowship program that encourages the hiring of more African Americans as staff in Congress. The Women's Research and Education Institute gives fellowships to men and women to spend a year on the congressional staff working on policy issues affecting women. Scientists and engineers can get fellowships from the American Association for the Advancement of Science (AAAS) to provide their scientific expertise to the policy-making processes. The American Psychological Association (APA) recruits fellows to promote more effective use of psychological knowledge in government. Faculty have used their sabbaticals to work as congressional fellows, drafted legislation, gotten caught up in the legislative and political currents, and wound up staying for decades on Capitol Hill as influential members of the staff.

Some scholars also run for Congress. David Price (D-North Carolina) had spent twenty years as a professor of political science at Duke University and had written several books on Congress before he was elected to a House seat (his television ad featured him in a classroom). He found that his years of teaching, and his summer internships on the Hill, helped prepare him for the uncommon demands of the job. Although given committee assignments appropriate to his state, Price had studied and written about congressional committees long enough to set his sights on the Appropriations Committee, whose control of funds gave it "far more power than any other committee." A prominent academic on the Senate side was Daniel Patrick Moynihan (D-New York), who earned a Ph.D. in sociology and directed the Joint Center for Urban Studies at Harvard University and the Massachusetts Institute of Technology before going on to serve three terms in the Senate and chairing the Finance Committee.



Then there are the vast numbers of daily visitors from across the nation and around the globe. On average, American citizens visit the U.S. Capitol twice in their lives, once as children with their families or with their classes, and again as parents, bringing their own families. As late as the 1970s, citizens could enter and wander through the Capitol at will whenever Congress was in session, with almost no restrictions. Bombings in the Capitol by radical groups in 1971 and 1983, the killing of two Capitol Police by a deranged gunman in 1998, and the terrorist threats of 2001 all heightened security considerably, with metal detectors installed at all entrances and some sections of the building made off-limits to those without official badges. Yet the Capitol has stayed more accessible to the public than most other government offices. Visitors are encouraged, since they are constituents and voters. Sunshine rules require committees to open their hearings to the public, and members' offices provide constituents with free tickets for the Senate and House galleries. By the end of the twentieth century, more than three million people a year were visiting the Capitol.

To handle the crowds, a vast underground Capitol Visitor Center was constructed beneath the East Front plaza. In its Emancipation Hall stands the nineteen-foot plaster model for the bronze statue of Freedom. Waiting to tour the Capitol, visitors can examine a museum devoted to the history of the Senate, the House, and the Capitol, and view an orientation film. Through skylights they can glance up at the Capitol dome, the most recognizable symbol of American representative democracy.

"Congress isn't perfect," a *Washington Post* editorial pronounced at the opening of the visitor center in 2008. "Grand displays of courage by its 535 members aren't as frequent as we would like. But the complex they so generously funded does honor to a history of accomplishment whose impact reaches far beyond Capitol Hill." The notion of displaying courage usually involves defying public opinion, a characteristic that made Philip Hart (D-Michigan) known as the "conscience of the Senate." Hart sponsored stricter handgun laws, despite a large percentage of gun owners and hunters in his state, and fought Michigan's predominant industry, car manufacturers, on antitrust matters. Yet it is a fundamental paradox of Congress that its members are elected to promote their constituent's concerns, and when they do, they can be criticized for parochialism. When they stand against public opinion, they risk their seats. Individually concerned with reelection and the interests of their districts and states, collectively they must fuse those local concerns into national legislation, finding common ground for the common good, and fulfilling the motto *E Pluribus Unum.*

# Further reading

Congress publishes most of what it does, including the full text of its debates in the daily *Congressional Record*, most of its public hearings, reports, and other documents. The Congressional Information Service has microfilmed and indexed the hearings and reports, by committee, subject, and witness. This information can be found in the government documents sections of larger libraries, and much of it is also online at http://thomas.loc.gov/. *Thomas* is a legislative information site provided by the Library of Congress, where researchers can browse and search full text of bills and debates since 1995. Its related site, *A Century of Lawmaking for a New Nation, lcweb2.loc.gov/ammem/amlaw/*, includes all published congressional documents from the Continental Congress in 1774 through the U.S. Congress in 1875.

The subscription services Lexis-Nexis and Heine Online have created databases that will allow full-text searching of the *Congressional Record* and all hearings, reports, and related documents. The Government Printing Office (GPO) also makes all recent congressional publications available at www.gpoaccess.gov/serialset/cdocuments/featured/senate.html. The original documents, and the unpublished records of Congress, are located in Record Groups 46 (Senate), 128 (Joint Committees), and 233 (House) in the Center for Legislative Archives of the National Archives and Records Administration, Washington, D.C.

Web sites for the U.S. Senate (www.senate.gov) and House of Representatives (www.clerk.house.gov) provide information on the current committees and members of Congress, along with copious historical information and reference materials. An important feature of the Senate Web site is the text of two volumes of Senator Robert C. Byrd's *The Senate, 1789–1989: Addresses on the History of the United States Senate* (Washington, D.C.: Government Printing Office, 1988 and 1991). The site also contains full transcripts of oral history interviews with senators, and Senate staff. The House Clerk's Web site includes material from its reference books *Black Americans in Congress, 1870–2007* and *Women in Congress, 1917–2006*. Both Web sites also feature the *Biographical Directory of the U.S. Congress*, with brief biographies of every member, together with bibliographies and research collections regarding their careers. The Association of Centers for the Study of Congress (ACSC), at www.congresscenters.org/index .htm, is an independent alliance of organizations and institutions that promote the study of the U.S. Congress and house the papers of its former members. Other information and live and archived broadcasts from the House and Senate can be accessed at C-SPAN Online: www.cspan.org.



The privately published *Congressional Quarterly (CQ)* produces an abundance of handy publications, including *CQ Daily*, *CQ Almanac*, *Guide to Congress*, *Congress and the Nation*, and *Landmark Documents on the U.S. Congress*, many of which are available online as well as in print. Other essential reference volumes are Donald C. Bacon, Richard H. Davidson, and Morton Keller, eds., *The Encyclopedia of the United States Congress*, 4 vols. (New York: Simon & Schuster, 1995); and Norman J. Ornstein, Thomas E. Mann, and Michael J. Malbin, *Vital Statistics on Congress* (Washington, D.C.: American Enterprise Institute, 2002).

## Selected books about Congress

Baker, Richard A., and Roger A. Davidson, eds. *First Among Equals: Outstanding Senate Leaders of the Twentieth Century*. Washington, D.C.: CQ Press, 1991.

Baker, Ross K. *House and Senate*. 4th ed. New York: W. W. Norton, 2008.
Bowling, Kenneth R., and Donald R. Kennon, eds. *Inventing Congress: Origins and Establishment of the First Federal Congress*. Athens: Ohio University Press, 1999.
Brown, Sherrod. *Congress from the Inside: Observations from the Majority and the Minority*. 3rd ed. Kent, Ohio: Kent State University Press, 2004.
Bzdek, Vincent. *Woman of the House: The Rise of Nancy Pelosi*. New York: Palgrave/Macmillan, 2008.
Campbell, Karl E. *Senator Sam Ervin, Last of the Founding Fathers*. Chapel Hill: University of North Carolina Press, 2007.
Caro, Robert A. *The Years of Lyndon Johnson: The Path to Power, Means of Assent, and Master of the Senate*. New York: Knopf, 1982–2002.
Davidson, Roger H., Susan Webb Hammond, and Raymond W. Smock, eds. *Masters of the House: Congressional Leadership Over Two Centuries*. New York: Westview, 1998.
Davidson, Roger H., and Walter J. Oleszek. *Congress and Its Members*. 10th ed. Washington, D.C.: CQ Press, 2006.
Dodd, Lawrence C., and Bruce I. Oppenheimer. *Congress Reconsidered*. 9th ed. Washington, D.C.: CQ Press, 2009.
Doherty, Thomas. *Cold War, Cool Medium: Television, McCarthyism and American Culture*. New York: Columbia University Press, 2003.
Fenno, Richard F., Jr. *Congressional Travels: Places, Connections, and Authenticity*. New York: Pearson/Longman, 2007.
———. *Home Style: House Members in Their Districts*. New York: Little, Brown, 1978.
Freeman, Joanne. *Affairs of Honor: National Politics in the New Republic*. New Haven, Conn.: Yale University Press, 2002.
Frey, Lou Jr., and Michael T. Hayes. *Inside the House: Former Members Reveal How Congress Really Works*. Lanham, Md.: University Press of America, 2001.
Gertzog, Irwin. *Women and Power on Capitol Hill: Reconstructing the Congressional Women's Caucus*. Boulder, Colo.: Lynne Rienner, 2004.
Gillon, Steven M. *The Pact: Bill Clinton, Newt Gingrich, and the Rivalry that Defined a Generation*. New York: Oxford University Press, 2008.

Hansen, John Mark. *Gaining Access: Congress and the Farm Lobby, 1919–1981*. Chicago: University of Chicago Press, 1991.
Howell, William G., and John C. Pevehouse. *While Dangers Gather: Congressional Checks on Presidential War Power*. Princeton, N.J.: Princeton University Press, 2007.
Jacobs, John. *A Rage for Justice: The Passion and Politics of Phillip Burton*. Berkeley: University of California Press, 1995.
Johnson, Robert David. *Congress and the Cold War*. New York: Cambridge University Press, 2006.
Kaufman, Robert G. *Henry M. Jackson: A Life in Politics*. Seattle: University of Washington Press, 2000.
Killian, Linda. *The Freshmen: What Happened to the Republican Revolution?* Boulder, Colo.: Westview, 1998.
Kyvig, David E. *The Age of Impeachment: American Constitutional Culture Since 1960*. Lawrence: University Press of Kansas, 2008.
Mann, Thomas E., and Norman J. Ornstein. *The Broken Branch: How Congress Is Failing America and How to Get It Back on Track*. New York: Oxford University Press, 2006.
Martis, Kenneth C. *The Historical Atlas of Political Parties in the United States Congress, 1789-1989*. New York: Macmillan, 1989.
Mayhew, David R. *America's Congress: Actions in the Public Sphere, James Madison through Newt Gingrich*. New Haven, Conn.: Yale University Press, 2000.
———. *Congress: The Electoral Connection*. 2nd ed. New Haven, Conn.: Yale University Press, 2004.
———. *Divided We Govern: Party Control, Law Making, and Investigation, 1946–2002*. 2nd ed. New Haven, Conn.: Yale University Press, 2005.
Milazzo, Paul Charles. *Unlikely Environmentalists: Congress and Clean Water, 1945–1972*. Lawrence: University Press of Kansas, 2006.
Panagopoulos, Costas, and Joshua Schank. *All Roads Lead to Congress: The $300 Billion Fight over Highway Funding*. Washington, D.C.: CQ Press, 2008.
Patterson, Kelly D., and Daniel M. Shea, eds. *Contemplating the People's Branch: Legislative Dynamics in the Twenty-First Century*. Saddle River, N.J.: Prentice Hall, 2000.
Polsby, Nelson W. *How Congress Evolves: Social Bases of Institutional Change*. New York: Oxford University Press, 2004.
Power, Timothy J., and Nicol C. Rae, eds. *Exporting Congress? The Influence of the U.S. Congress on World Legislatures*. Pittsburgh: University of Pittsburgh Press, 2006.

Price, David E. *The Congressional Experience: A View from the Hill.* Boulder, Colo.: Westview, 1992.

Quirk, Paul J., and Sarah A. Binder, eds. *The Legislative Branch.* New York: Oxford University Press, 2005.

Redman, Eric. *The Dance of Legislation.* Seattle: University of Washington Press, 2001.

Remini, Robert V. *Daniel Webster: The Man and His Time.* New York: W. W. Norton, 1997.

———. *Henry Clay: Statesman for the Union.* New York: W. W. Norton, 1991.

———. *The House: The History of the House of Representatives.* New York: HarperCollins, 2006.

Ritchie, Donald A. *The Congress of the United States: A Student Companion.* 3rd ed. New York: Oxford University Press, 2006.

———. *Press Gallery: Congress and the Washington Correspondents.* Cambridge, Mass.: Harvard University Press, 1991.

Sinclair, Barbara. *Unorthodox Lawmaking: New Legislative Processes in the U.S. Congress.* Washington, D.C.: CQ Press, 2007.

Smith, Steven S., Jason M. Roberts, and Ryan J. Vander Wielen. *The American Congress.* New York: Cambridge University Press, 2006.

Strahan, Randall. *Leading Representatives: The Agency of Leaders in the Politics of the U.S. House.* Baltimore, Md.: Johns Hopkins University Press, 2007.

Woods, Randall. *Fulbright: A Biography.* New York: Cambridge University Press, 2006.

Zelizer, Julian E., ed. *The American Congress: The Building of Democracy.* Boston: Houghton Mifflin, 2004.

———. *On Capitol Hill: The Struggle to Reform Congress and its Consequences, 1948–2000.* New York: Cambridge University Press, 2006.

———. *Taxing America: Wilbur D. Mills, Congress, and the State, 1945–1975.* New York: Cambridge University Press, 1998.



## Notable films on Congress

*Advise and Consent* (1962): From a novel based loosely on actual events, the movie was shot on Capitol Hill, using real senators, staff, and reporters as extras.

*Charlie Wilson's War* (2007): A film version of the exploits of a congressman who used the legislative process to fund the mujahideen against the Soviet military in Afghanistan.

*The Congress* (1988): Ken Burns's documentary celebrated the congressional bicentennial.

*Mr. Smith Goes to Washington* (1939): The classic Hollywood version of a Senate filibuster.

*Point of Order* (1964) and *Good Night and Good Luck* (2005): The corrosive effects of Senator Joseph McCarthy's anti-Communist investigations are revealed in a documentary and film.

# “牛津通识读本”已出书目

古典哲学的趣味
人生的意义
文学理论入门
大众经济学
历史之源
设计，无处不在
生活中的心理学
政治的历史与边界
哲学的思与惑
资本主义
美国总统制
海德格尔
我们时代的伦理学
卡夫卡是谁
考古学的过去与未来
天文学简史
社会学的意识
康德
尼采
亚里士多德的世界
西方艺术新论
全球化面面观
简明逻辑学
法哲学：价值与事实
政治哲学与幸福根基
选择理论
后殖民主义与世界格局

福柯
缤纷的语言学
达达和超现实主义
佛学概论
维特根斯坦与哲学
科学哲学
印度哲学祛魅
克尔凯郭尔
科学革命
广告
数学
叔本华
笛卡尔
基督教神学
犹太人与犹太教
现代日本
罗兰·巴特
马基雅维里
全球经济史
进化
性存在
量子理论
牛顿新传
国际移民
哈贝马斯
医学伦理
黑格尔

地球
记忆
法律
中国文学
托克维尔
休谟
分子
法国大革命
丝绸之路
民族主义
科幻作品
罗素
美国政党与选举
美国最高法院
纪录片
大萧条与罗斯福新政
领导力
无神论
罗马共和国
美国国会
民主
英格兰文学
现代主义
网络
自闭症
德里达
浪漫主义

批判理论
电影
俄罗斯文学
古典文学
大数据
洛克
幸福
德国文学
戏剧
腐败
医事法
癌症
植物
儿童心理学
时装
现代拉丁美洲文学
卢梭
隐私
电影音乐